AI 시대의 영어 공부법

초판 1쇄 인쇄 2025년 11월 15일
초판 1쇄 발행 2025년 11월 20일

지은이 | 노티드
펴낸이 | 김승기, 김민수
펴낸곳 | ㈜생능출판사 / **주소** | 경기도 파주시 광인사길 143
브랜드 | 생능북스
출판사 등록일 | 2005년 1월 21일 / **신고번호** | 제406-2005-000002호
대표전화 | (031) 955-0761 / **팩스** | (031) 955-0768
홈페이지 | www.booksr.co.kr

책임편집 | 최동진
편집 | 신성민, 이종무
교정·교열 | 안종군
본문·표지디자인 | 상:想 company
영업 | 최복락, 심수경, 차종필, 송성환, 최태웅, 김민정
마케팅 | 백수정, 명하나

ISBN 979-11-94630-23-4 (03370)
값 16,800원

- 이 책의 저작권은 (주)생능출판사와 지은이에게 있습니다. 무단 복제 및 전재를 금합니다.
- 생능북스는 (주)생능출판사의 단행본 브랜드입니다.
- 잘못된 책은 구입한 서점에서 교환해 드립니다.

15살, 토익 만점으로 대학 입학! 사교육 없이 이룬 영어 혁명

AI 시대의 영어 공부법

노티드 지음

생능북스

프롤로그

나는 어떻게
영어를 즐기게 되었는가?

"유학 경험도 없고 토익책 한 권도 보지 않았고 인강도 들은 적 없고 영어 학원도 다닌 적 없는데 중학생이 토익 965점이요?"

토익 커뮤니티에 제 점수를 공유했을 때 많은 사람이 놀라며 던진 질문입니다.

중학교 2학년 여름방학, 저는 특별한 준비 없이 첫 토익 시험을 치렀고 결과는 965점이었습니다. 저는 특별한 코스를 밟은 '영어 영재'도 '언어 천재'도 아니었습니다. 유학도 간 적 없고 영어 학원도 다닌 적 없고 문법책이나 단어장을 붙들고 살지도 않았습니다. 그저 영어를 '공부'가 아닌 '놀이'나 '도구'로 삼아 즐겼을 뿐입니다.

어렸을 때 '엄마표 영어'라는 엄마의 방식으로 영어 기초를 쌓았고 초등학교 때는 저만의 방식으로 실력을 향상시켰습니다. 어느 순간부터 영어는 제 삶 속에서 자연스럽게 사용하는 도구가 돼 있었습니다. 그리고 저는 이렇게 익숙해진 영어를 도구 삼아 만 15세였던 2024년부터는 본격적으로 역량을 증명하며 다음과 같은 성취를 이루기 시작했습니다.

2024년 2월 21일~6월 25일: 영어 회화 강사 아르바이트

2024년 4월 27일: 토익 990점(만점)

2024년 6월 15일: 토익 스피킹 AH 최고 등급

2024년 8월 18일: 토익 라이팅 AH 최고 등급

2024년 8월 18일: YBM 토익 그랜드슬래머 마스터 인증

2024년 9월 13일: OPI Superior

2024년 11월 12일: 국민대학교 국제경영학부 수시 어학 특기자 전형 최초 합격

저는 영어를 단순히 '시험을 위한 과목'으로 생각하지 않았습니다. 영어는 언제나 저에게 놀이이자 해외 친구들과의 대화 및 소통의 도구였고 흥미로운 세상과 연결하는 연결고리였습니다. 이러한 경험들이 누적되면서 자연스럽게 성과로 이어진 것 같습니다.

저는 영어를 유튜브 영상, 해외 게임 음성 채팅, SNS 커뮤니티, 애니메이션 등 다양한 매체를 통해 '쓰면서' 익혔습니다. 그러다 보니 중학교 때부터 영어는 더 이상 공부처럼 느껴지지 않았고 결과적으로 시험 점수 역시 자연스럽게 높아진 것입니다.

이 책에는 제가 어떤 과정을 거쳤는지를 기록했고 저의 경험을 바탕으로 연령대별로 어떻게 영어에 접근하면 좋은지에 대해 설명했습니다.

- 유아~초등 저학년 시절에는 어떻게 놀이와 애니메이션 중심으로 영어를 접했는지
- 초등 고학년~중학생 시절에는 어떻게 게임·커뮤니티를 활용해 회화와 실전 감각을 키웠는지
- 고등학생들을 위해서는 내신·수능 준비와 병행하며 어떻게 '실전 영어'를 유지할 수 있는지, 그 전략을 제시했는지

이외에 대학생·성인에게 맞는 생활 영어 학습 전략과 AI를 활용한 노하우 그리고 제가 직접 경험한 '토익 그랜드슬래머 마스터', 'OPI Superior' 등 각종 시험 대비 팁까지 솔직하게 담았습니다.

무엇보다 제가 강조하고 싶은 건 영어는 시험을 위한 공부보다 영어 자체를 '쓰면서' 배워야 한다는 사실입니다. 공부한 단어를 활용하여 외국인과 대화를 하든, 해외 유튜브를 보면서 짧은 댓글을 남기든 실제로 사용해

야만 비로소 영어가 책 속 지식이 아니라 내 것이 됩니다.

이 책이 여러분께 '영어가 그렇게 어렵지만은 않구나. 나도 시작해 볼 만하네!'라는 용기와 호기심을 심어 주었으면 합니다. 시험 걱정, 성적 압박, 시간 부족과 같은 현실적인 고민들은 있지만, 하루 한 걸음씩, 흥미 있는 콘텐츠부터 자투리 시간을 잘 활용하여 영어를 조금씩 즐기다 보면 어느새 영어가 재미있어지고 본인도 모르게 영어를 즐기는 시간이 늘어나고 영어가 정말 편해지는 날이 올 거라 믿습니다. 이 책을 읽고 나면 영어는 더 이상 당신의 두려움이 아닌 열정이 될 것입니다.

저와 함께 그 변화의 여정을 시작해 볼까요?

차례

프롤로그　나는 어떻게 영어를 즐기게 되었는가? • 004

PART 1
영어는 어쩌다 '공부'가 됐을까?

CHAPTER·1　영어가 '공부'처럼 느껴지는 이유는 무엇일까?

01-1　문제 풀이를 많이 하면 정말 영어를 잘하게 될까? • 014

01-2　시험용 영어 vs. 실전 영어 어떤 차이가 있을까? • 017

01-3　시간이 없다고요? 다시 한번 생각해 볼까요? • 021

직접 해 보기　1장 실천 미션!

PART 2
어린이부터 어른까지, 내 나이에 딱 맞는 영어 비법

CHAPTER·2　유아~초등 저학년: 그냥 영어로 놀자

02-1　엄마표 영어는 결국 공부가 아닌 놀이이다 • 030

02-2　영어 말하기가 늦어도 괜찮아요. 충분한 듣기부터! • 035

02-3　부모의 역할은 '실력' 체크가 아닌 '웃음' 체크 • 039

직접 해 보기　2장 실천 미션!

CHAPTER·3 초등 고학년: 이제 시작해도 늦은 건 아니다!

    03-1   게임과 유튜브로 영어 실력 키우기 • 044

    03-2   필자의 초등 5학년 에피소드-게임 속에서 만난 실전 영어 • 051

    03-3   외우는 환경보다 즐기는 환경이 중요해요 • 056

   [직접 해 보기] **3장 실천 미션!**

CHAPTER·4 중학생: 실전 영어가 답이다

    04-1   학원·내신·숙제와 병행하는 나만의 방법 • 064

    04-2   중2 때 처음 본 토익 965점의 비결 공개 • 070

    04-3   단어와 문법 공부도 실제로 써먹어야 의미가 있다 • 075

   [직접 해 보기] **4장 실천 미션!**

CHAPTER·5 고등학생: 시험용 영어 말고 '실전 영어' 하면 안 돼?

    05-1   수능 영어만으로 충분할까요? • 084

    05-2   영어가 어렵다면 일단 '듣기'부터 시작해요 • 088

    05-3   어학 특기자 수시 전형을 생각한다면? • 091

   [직접 해 보기] **5장 실천 미션!**

차례

CHAPTER·6 대학생·성인: 시험용 영어만 하다가 놓친 것들

06-1 수능 영어만 죽어라 했더니 말이 안 나오네 • 100

06-2 토익을 '시험'이 아니라 '일상'으로 만드는 방법 • 102

06-3 실전 영어가 강해지면 시험도 쉬워진다! • 105

 6장 실천 미션!

PART 3
고급 학습-실전 영어 잘하고 싶으면 여기서부터 진짜 시작

CHAPTER·7 AI 활용하고 원서 읽으면서 영어 더 잘하기

07-1 영어 원서를 읽기 어렵다면 렉사일 지수로 조절하면 된다 • 116

07-2 챗GPT로 작문 연습해 보니 좋았던 이유 • 122

07-3 진짜 제대로 대화하려면 감정과 문화도 알아야 한다 • 128

 7장 실천 미션!

CHAPTER·8 영어랑 친해지면 성적은 따라온다

08-1 영어가 생활이 되니까 시험은 별것 아니었다 • 134

08-2 해외 자료로 남들보다 빠르게 커리어를 만드는 방법 • 138

08-3 결국 영어를 즐길 때 실력이 가장 빨리 향상된다 • 141

 8장 실천 미션!

부록
내 경험으로 정리한 꿀팁들

부록·1 필자의 '토익 그랜드슬래머 마스터' 이야기 • 150

부록·2 연령별 추천 영어 콘텐츠(미디어 커뮤니티, 유튜브, 게임) • 155

부록·3 렉사일 지수별 추천 원서 목록 – 수준에 맞는 영어책 선택 가이드 • 164

부록·4 부모님을 위한 실전 영어 교육 가이드 • 170

부록·5 AI 활용 영어 학습 꿀팁 • 175

부록·6 교과서에는 절대 안 나오는 신조어 리스트 • 191

에필로그 이제 당신이 영어를 즐길 차례입니다! • 198

PART
1

영어는
어쩌다
'공부'가
됐을까?

CHAPTER · 1

영어가 '공부'처럼 느껴지는 이유는 무엇일까?

1장에서는 왜 많은 친구가 영어를 '시험 과목'으로만 생각하게 됐는지 그리고 문제 풀이 위주의 영어 공부가 어떤 한계를 지니고 있는지에 대해 이야기하려고 합니다. 이건 제가 중학생 때 직접 겪었던 고민이기도 하거든요. 세계적인 언어학자 스티븐 크라센(Stephen Krashen)은 "언어는 흥미롭고 재미있는 내용을 자주 접할수록 더 빨리 배울 수 있다."라고 말합니다. 지금부터 영어가 문제 풀이의 대상이 아니라 일상생활에서 자연스럽게 즐길 수 있는 활동이라는 사실을 함께 알아보겠습니다.

▷ 01-1 문제 풀이를 많이 하면 정말 영어를 잘하게 될까?

시험용 영어의 한계와 새로운 접근

저는 어릴 적부터 영어를 단순히 문제를 푸는 과목으로 생각하지 않았습니다. 영어 시험을 한 번도 본 적이 없거든요. 그저 영어 애니메이션을 보고 영어로 된 게임을 하며 자연스럽게 접했죠. 그런데 중학교에 올라가면서 분위기가 조금 달라졌습니다. 친구들이 하나둘씩 성적을 위한 '시험용 영어'에 집중하기 시작했거든요. 초등학교 때부터 영어를 좋아하던 친구들조차 시험 점수에 대한 압박감에 시달리며 영어를 단순한 문제 풀이 대상으로 여기게 됐습니다.

저도 친구들과 비슷한 고민을 했습니다. 학교에서 배우는 영어는 대부분 시험을 위한 영어였거든요. 마치 공식에 맞춰지는 듯한 그런 내용들이요. 그런데 적어도 제가 아는 외국 친구들은 이런 식으로 영어 표현을 하지 않았습니다. 학교 영어 시험에서 100점을 받은 친구들도 정작 테드(TED)와 같은 영어 영상을 한글 자막 없이 보는 데 어려움을 겪는 모습을 보면서 '이렇게 문제 풀이만 많이 한다고 해서 영어 실력이 진짜 좋아질까?'라는 의문이 생겼습니다. 그래서 저는 영어를 문제로만 접근하기보다 평소 영어를 실생활 속에서 자연스럽게 익히는 데 시간을 더 투자했습니다.

학습 방식	투자 시간	효과
문제 풀이 중심 학습	1시간	단기 점수 상승
실전 노출 학습	20분	장기적인 실력 및 감각 향상

▎문제 풀이 중심 학습 vs. 실전 노출 학습 ▎

시험 테크닉보다 중요한 이유는 뭘까?

문제 풀이 기술을 배우는 것도 물론 중요하지만, 시험이 끝나고 나면 또 새로운 단어나 새로운 유형에 맞춰 '처음부터 다시 반복해야 하나?' 하는 생각 때문에 지치기 쉽습니다. 하루에 문제 풀이만 1시간씩 하고 있다면 그중 10~20분만이라도 영어로 이루어진 유튜브를 보거나 해외 게임 커뮤니티에 댓글을 써 보는 게 훨씬 효과적일 수 있습니다. 이걸 복싱에 비유하면 혼자 섀도 복싱을 1시간 동안 하는 것보다 스파링을 10분 동안 하는 게 더 좋은 연습이 되는 것과 같죠.

영어를 일상생활 속에서 자연스럽게 익히려면

- **해외 콘텐츠 활용하기:** 유튜브 영상이나 해외 드라마를 자막 없이 보면서 표현과 억양을 익혀 보세요.
- **관심 분야의 해외 커뮤니티 참여:** 댓글을 읽은 후 간단히 답글을 달아 보세요.
- **짧은 시간 활용:** 자투리 시간을 이용해 팟캐스트 듣기나 간단한 기사 읽기를 시도해 보세요.

영어 공부에서 동기 부여가 중요한 이유

사실 모든 학습에서 가장 중요한 건 '동기 부여'거든요. 저는 '외국 친구들과 자유롭게 소통하고 싶다.'라는 강한 목표가 있었어요. 누군가는 '해외 대학에 진학하고 싶다.', '영어 프레젠테이션을 잘하고 싶다.'와 같은 목표를 갖고 있을 수 있습니다. 점수는 이런 동기 부여가 뚜렷할 때 자연스럽게 따라오는 결과라고 생각해요. 결국 영어를 단순한 문제 풀이가 아니라 즐겁고 재미있는 활동으로 만들기 위해서는 나만의 목표를 설정하고 실전에서 자연스럽게 익히는 습관을 만드는 것이 중요합니다.

▶ 01-2 시험용 영어 vs. 실전 영어 어떤 차이가 있을까?

시험용 영어와 실전 영어의 차이

많은 학생이 영어를 시험 과목으로만 접근합니다. 교과서와 문제집에 나온 표현과 문법을 외우고 시험 범위에 맞춰 연습하다 보면 높은 점수를 받을 수도 있죠. 하지만 실제로 영어를 사용해야 하는 순간이 오면 시험용 영어와 실전 영어 사이에 큰 차이를 느끼게 됩니다.

예를 들어 교과서에서는 "How do you do?"와 같은 격식 있는 표현을 배우지만, 실제 대화에서는 "What's up?"이나 "How's it going?"과 같은 표현이 훨씬 더 자주 쓰입니다. 시험용 영어는 잘 정리된 문장을 제공하지만, 실전 영어에서는 줄임말이나 신조어 그리고 맥락에 따라 빠르게 변화하는 표현들이 훨씬 많아요.

이런 차이를 좀 더 자세히 알고 싶다면 [부록 6] '교과서에는 절대 안 나오는 신조어 리스트'를 참고하세요. 원어민들이 실제로 자주 쓰는 표현을 정리해 두었습니다.

구분	시험용 영어	실전 영어
문장 구조	정제되고 깔끔	줄임말·신조어 가득
사용 환경	교실·시험지	일상 대화·온라인
속도·억양	또박또박, 천천히	빠르고 억양 다양
단어의 예	"How do you do?"	"What's up?", "How's it going?"
학습 포인트	규칙·문법 암기	상황별 어휘·청취 감각

▌ 시험용 영어 vs. 실전 영어 ▌

시험 범위 안에 갇힌 영어의 한계

저는 초등학교 5학년 때 해외 게임 커뮤니티에서 활동하면서 이런 간극을 절실히 느꼈어요. 처음에는 학교에서 배운 대로 대화를 시도했는데 실제 대화 속도나 표현의 흐름을 따라가기가 정말 어렵더라고요. 더욱이 커뮤니티에서 자주 쓰이는 신조어들을 익히는 데도 시간이 꽤 걸렸습니다. 이런 과정을 통해 실전 영어 능력이 얼마나 중요한지를 확실히 느꼈습니다. 결국 시험용 영어만으로는 실제 세상에서 자유롭게 소통하는 데 한계가 있다는 걸 알게 된 거죠.

간극을 줄이는 방법

시험 범위를 넘어 다양한 영어 표현을 접해 보는 것이 정말 중요합니다. 처음에는 낯설 수 있지만, 반복해서 경험하면 금방 익숙해져요. 저도 유튜브 영상이나 해외 커뮤니티를 통해 실전 영어를 자주 접하면서 오히려 시험 지문도 훨씬 쉽게 이해할 수 있었거든요.

경험으로 본 실전 영어의 중요성

　제가 초등학교 5학년이었던 2020년, 해외 유튜브 댓글 창에서 우연히 'chill'이라는 단어를 처음 접했습니다. 당시에는 단순한 신조어라고 생각했지만, 초등학교 6학년부터는 제 일상 속에서 자연스럽게 그 단어를 쓰기 시작했어요.

　사실 당시 영어권에서는 이 단어가 실전 영어의 일부로 자리 잡고 있었습니다. 그런데 몇 년이 지나 'Chill Guy'라는 밈이 한국에서 유행하면서 방송에서도 이 단어가 등장하게 됐죠. 오히려 미국에서는 이미 사용 빈도가 줄었는데도 한국에서는 그 본래 의미를 모른 채 그대로 쓰는 경우가 많더라고요. 이건 단순한 사례일 뿐이지만, 이런 경험은 교과서에만 의존한 영어 학습이 아니라 실제 생활 속에서 살아 있는 영어를 익히는 것이 왜 중요한지 다시 한번 느끼게 해 주었습니다.

시험용 영어는 하나의 '시작점'일 뿐이다

저는 많은 사람이 하고 있는 영어 공부를 '지도 속 출발 지점'에 비유하고 싶습니다. 지도를 통해 방향을 잡고 출발할 수는 있지만, 그 지점이 영어의 전부는 아니죠. 중요한 건 그 지점에서 출발해 더 넓은 세계로 나아가는 것입니다. 세상은 생각보다 넓습니다. 영어는 그 넓은 세상을 탐험하게 해 주는 소중한 도구입니다.

▶ 01-3 시간이 없다고요? 다시 한번 생각해 볼까요?

시간 부족이라는 흔한 고민

제 주변을 포함해 많은 분이 저에게 이렇게 묻곤 합니다.

"어떻게 하면 영어를 그렇게 잘할 수 있어요?"

저의 대답은 단순합니다.

"영어를 공부가 아니라 일상으로 받아들이는 게 중요해요."

하지만 이 말을 들은 대부분의 반응은 이렇습니다.

"그럴 시간이 어디 있어요."

물론 시간이 부족한 경우도 있습니다. 그런데 저는 막상 하루를 돌아보면 많은 사람이 영어 공부에 투자하는 시간이 꽤 있는데도 대부분을 시험 대비형 학습에만 사용하고 있다는 것이 더 큰 문제라고 생각합니다.

문제 풀이 중심 학습의 함정

영어 공부의 많은 시간을 문법 문제 풀이 기출 유형 분석, 독해 연습 등에 쓰면 단기적으로는 성적 향상에 도움이 되지요. 하지만 이런 방식은 영어를 시험 과목으로만 인식하게 만들고 시험이 끝난 후에는 흥미를 잃거나 영어를 언어로 활용할 기회를 놓치게 만듭니다. 그리고 만약 나중에 또 다른 시험을 준비하게 된다면 결국 그 시험에 맞춰 처음부터 다시 반복하는 악순환이 생길 수 있습니다.

'자투리 시간'을 재발견하라

제 이야기가 '문제 풀이가 필요 없다.'라는 의미는 아닙니다. 시험 유형

을 파악하고 시간 분배를 연습하는 건 당연히 중요하죠. 다만 영어 공부 전체가 문제 풀이 중심으로만 이루어지고 있다면 시간 배분을 다시 생각해 볼 필요가 있다는 말입니다.

활용 가능한 시간 예시

- 등·하교 시간: 버스나 지하철에서 팟캐스트나 유튜브 영상 듣기
- 식사 후 잠깐의 휴식 시간: 짧은 기사나 수준에 맞는 원서 한 문단 읽기(7.1과 [부록 3] 참조)
- 자기 전 스마트폰을 보는 10~20분: 해외 커뮤니티나 SNS를 둘러보고 간단히 댓글 남기기

겉보기엔 별것 아닌 것처럼 보일 수 있지만, 이런 작은 시간들이 쌓이면서 어느 순간 영어를 사용하는 습관이 만들어집니다. 예를 들어 무언가를 검색할 때 영어로 검색해 보거나 해외 커뮤니티에 짧은 댓글을 남기고 '좋아요'를 눌러 보세요. 이런 작은 시도들이 쌓이면 영어에 노출되는 시간이 늘어나고 시험 대비에도 큰 도움이 됩니다.

우선순위를 바꿔 보자

하루에 문제 풀이를 1시간 한다면 그중 10~20분만이라도 실전 영어 노출 시간으로 바꿔 보는 것이 훨씬 효과적일 수 있어요. 처음에는 문제 풀이 시간이 줄어드는 게 걱정될 수도 있지만, 실전 영어에 익숙해지면 오히려 문제 풀이가 쉬워지고 성적도 자연스럽게 올라갑니다. 단기적인 점수 향상에만 초점을 두기보다는 우선순위를 장기적인 영어 감각을 키우는 방향으로 바꾸는 것이 필요합니다.

영어 성적이 전부가 아니다

물론 영어 성적은 중요합니다. 하지만 영어가 점수를 위한 공부로만 끝나버리면 평생 영어와 친해지기 어려울지도 몰라요. 영어는 결국 더 넓은 세상과 소통하고 그 세상을 탐험하게 해 주는 도구이니까요.

성적보다 중요한 건 영어를 실질적으로 활용할 수 있는 능력이고 이런

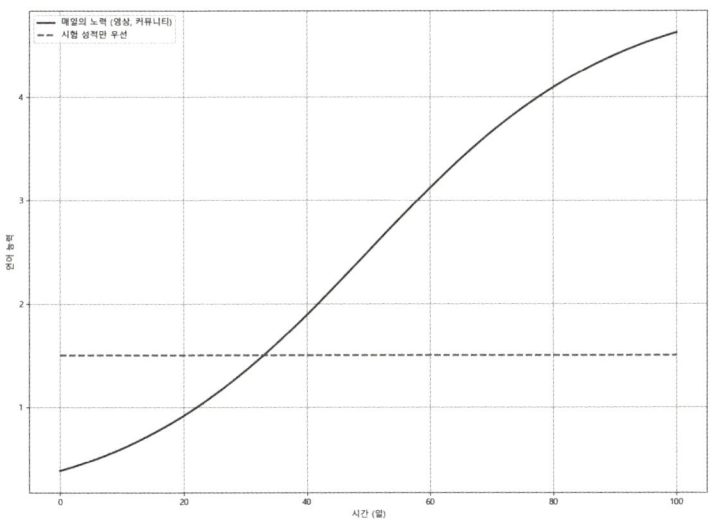

▍영어를 즐기는 학습 vs. 시험 성적만 우선인 학습 ▍

능력은 일상에서 영어를 자연스럽게 접할 때 생기는 거죠. 예를 들어 '나중에 여유가 생기면 해 보자.'라고 생각하다 보면 실제로 영어 감각을 키울 수 있는 시기를 놓칠 수 있습니다.

반면, 하루 5~10분이라도 영어 영상을 보거나 해외 커뮤니티를 잠깐 둘러보는 소소한 실천은 영어를 조금씩 더 친숙하게 만들어 줄 거예요. 그리고 이런 습관은 성적에도 도움이 됩니다.

작은 실천부터 시작해 보세요

그럼 무엇부터 시작해야 할까요? 가장 쉬운 방법은 이미 하고 있는 활동을 영어로 바꾸는 것입니다.

① 스마트폰 언어 설정 바꾸기
[설정] 앱→[일반] 탭→[언어 및 지역] 선택→[언어 추가] 탭→[기본 언어] 선택

② 즐겨 보는 유튜브 채널 대신 해외 채널 하나 구독하기
관심 있는 주제(게임 리뷰, 스포츠 하이라이트 등)를 다루는 채널 선택

③ 자막 없이 드라마 5분 시청하기
처음엔 어렵더라도 반복해서 들으면 익숙해짐

④ 유튜브 등 SNS 영상에 영어로 댓글 남기기
'Amazing video!'처럼 간단한 표현부터 시작

스마트폰 언어 설정 바꾸기

다음과 같이 선택한 언어를 기본 언어로 사용할지 묻는 알림이 나타납니다. 기기에서 언어를 업데이트하면 선택한 언어가 자동으로 나타납니다.

핵심 요약

- 문제 풀이 중심 학습은 단기간에 성적을 올릴 순 있지만, 실제 말하기·듣기에는 큰 도움이 되지 않습니다.
- 풍부한 입력과 흥미(스티븐 크라센의 가설 이론)로 영어를 접하면 언어를 훨씬 효과적으로 습득할 수 있습니다.
- '시간이 없다.'라는 고민도 자투리 시간만 잘 활용하면 해결할 수 있습니다. 영어를 '공부'가 아닌 '즐기는 활동'으로 조금씩 바꿔 봅시다.

직접 해 보기 1장 실천 미션!

① 내 영어 공부 방식 점검하기

지난 일주일 동안 영어를 공부하면서 얼마나 즐거웠는지 돌아보세요. 혹시 여전히 '문제집'이나 '단어 암기'만 하고 있진 않나요? 영어를 '공부'로만 접근하면 금방 지치고 말아요. 정말 간단한 방법만으로도 영어를 즐길 수 있다는 걸 꼭 기억하세요!

예시

- 나는 지난주에 영어 공부를 할 때 재미있었는가?
- 문제 풀이나 단어 암기 외에 영어로 흥미로운 활동을 해 본 적이 있는가?

② 하루 딱 5분, '재미있는 영어' 도입하기

여러분이 가장 좋아하는 분야를 떠올려 보세요. 게임이든, 드라마든, 음악이든, 스포츠든 뭐든 좋습니다. 내일은 꼭 딱 5분 만이라도 영어로 그걸 즐겨 보는 거예요. 시작하기 어렵다면 좋아하는 유튜브 채널을 영어로 찾아보거나 좋아하는 노래의 가사를 영어로 불러 보는 것도 좋겠죠?

취향별로 딱 5분씩 영어로 즐기는 구체적인 방법 예시

게임을 좋아한다면?	스마트폰에서 자주 하는 게임의 언어 설정을 영어로 바꿔 5분간 플레이해 보세요. 간단한 메뉴나 아이템 이름부터 익숙해질 수 있어요.
요리에 관심이 있다면?	유튜브에서 간단한 영어 요리 영상을 찾아 5분간 시청해 보세요. 예를 들어 유튜브 'Tasty' 채널에서 '간단한 디저트 만드는 법'을 영어로 시청해 보는 것도 좋아요.
음악을 좋아한다면?	좋아하는 영어 노래의 가사를 보면서 따라 불러 보세요. 짧은 팝송이나 디즈니 OST도 좋아요!
운동을 좋아한다면?	영어로 된 짧은 운동 영상이나 홈 트레이닝 영상을 시청하면서 간단한 동작을 따라 해 보세요. 'ATHLEAN-X™'나 'Chloe Ting'과 같은 채널에는 정보가 매우 많습니다.

③ **간단한 기록으로 내 성장 확인하기**

팟캐스트나 유튜브 영상에서 배운 재미있는 표현을 하나라도 기록해 보세요. 대단한 기록이 아니어도 좋아요. 예를 들어 'What's up?'이 그냥 친구끼리 편하게 쓸 수 있는 인사였구나!' 하고 깨달은 걸로 충분해요. 나중에 이 기록들을 돌아보면 얼마나 발전했는지 깜짝 놀라실 겁니다.

예시

- "What's up?"이 그냥 친구끼리 편하게 쓸 수 있는 인사였구나.
- "Break a leg!"가 "행운을 빌어."라는 의미였구나.
- "Piece of cake."가 "식은 죽 먹기"라는 표현이었구나.

어린이부터 어른까지, 내 나이에 딱 맞는 영어 비법

CHAPTER·2

유아~초등 저학년: 그냥 영어로 놀자

2장에서는 저의 실제 어린 시절의 경험을 바탕으로 유아와 초등 저학년 아이들이 영어를 자연스럽게 받아들이는 방법을 다룹니다. 언어학자 스티븐 크라센은 "아이들이 의미 있고 즐거운 방식으로 언어에 노출될수록 습득 속도가 빨라진다."라고 말했고 언어학자 페트리샤 쿨(Patricia Kuhl) 역시 "아이는 일상에서 듣는 소리를 기반으로 언어 체계를 구축한다."라는 연구 결과를 발표했습니다.

저는 이 책을 쓸 때 과연 제가 영어를 이렇게 하게 된 것이 어떤 학문적 이론과 맞아떨어지는지 많이 찾아보았는데 실제로 이 모든 이론이 제가 몸소 겪은 현실 모습과도 맞아떨어졌습니다. 저의 어머니께서 저를 '공부' 대신 '놀이와 영상·동요'로 영어와 친해지도록 도와주셨는데 이게 저에겐 정말 '자연스럽게 몸에 밴 영어'의 시초였습니다. 좀 더 구체적인 노하우를 지금부터 하나씩 살펴보겠습니다.

▶ 02-1　엄마표 영어는 결국 공부가 아닌 놀이이다

'엄마표 영어'와 나의 이야기

제가 '스레드'라는 SNS에 저의 어린 시절에 관련된 글을 쓴 적이 있는데 이 글의 조회 수가 2일 만에 50만을 넘었습니다. 어린 시절 저의 어머께서 하셨던 영어 교육 방법에 대해 작성한 글인데요. '엄마표 영어'라는 용어도 SNS를 하면서 알게 됐습니다. 그래서 2장에서는 제가 어린 시절에 경험했던 '엄마표 영어'의 핵심을 저의 어머니에게 전해 들은 이야기를 바탕으로 정리해 보려고 합니다.

'엄마표 영어'의 핵심은 부모님이 영어를 잘하지 못해도 상관없다는 것입니다. 가장 중요한 점은 아이가 영어를 '학습'으로 느끼지 않도록 하는 환경을 만들어 주는 것입니다. 그 이유는 언어 학습은 심리적·정서적 상태가 안정적일 때 습득이 더 잘되기 때문입니다.

부모가 영어를 잘하지 못해도 실천할 수 있는 '엄마표 영어'의 방법

영어 콘텐츠를 자연스럽게 들려주는 것만으로도 충분합니다. 영어 애니메이션, 오디오북, 영어 동요를 배경 음악처럼 틀어 둡니다. 듣기가 충분해지면 아이의 말문은 자연스럽게 트이게 됩니다. 부모님이 아이와 함께 영어 단어를 적어 보거나 간단한 문장을 익히는 방식으로 접근하면 효과적일 수 있지만, 절대적인 것은 아닙니다. 가장 중요한 것은 아이와 부모 모두 부담이 없어야 한다는 것입니다. 이처럼 부모가 영어를 잘하지 못해도 환경을 조성하는 것만으로도 아이가 충분히 영어를 익힐 수 있습니다.

아이와 영어의 첫 만남, 부담 없이 시작하기

많은 부모가 아이에게 영어를 가르치기 시작할 때 가장 먼저 고민하는 것은 '어떻게 해야 아이가 영어를 자연스럽게 받아들일까?'입니다. 그런데 여기서 중요한 점은 아이가 영어를 배우고 있다고 느끼지 않도록 하는 것입니다. 영어를 학문으로 접하기보다 놀이와 재미로 접하게 해야 아이가 영어를 거부감 없이 받아들일 수 있습니다. 저의 어머니는 제가 어릴 때부터 영어를 접하게 해 주셨지만, 절대로 제가 영어를 '공부하고 있다.'라고 느끼지 않게 하셨습니다. 어머니의 철학은 간단했습니다.

'아이에게 영어를 가르친다는 걸 절대 알리지 마라. 그냥 자연스럽게 노출하면 된다.'

영어를 '학습'이 아니라 '놀이'로

　어머니는 제가 돌이 지나면서부터 영어 애니메이션을 보여 주기 시작하셨다고 합니다. 그 당시 한국어 영상은 전혀 보여 주지 않으셨고 저 역시 애니메이션에는 한글로 된 것이 존재하지 않는 줄 알았습니다. 뽀로로조차 영어 더빙판으로만 봤으니 말이죠. 이 방식의 핵심은 아이에게 영어가 특별한 것이 아니라 일상적인 환경으로 느껴지게 만드는 것입니다.

　어머니는 제가 좋아하는 캐릭터와 이야기를 중심으로 콘텐츠를 찾아 주셨고 하루에 한두 편 정도 보여 주셨습니다. 하지만 절대로 "이걸 보고 영어를 배워야 한다."라는 말은 하지 않으셨습니다. 그 대신 제가 심심해 할 때 영어 영상을 자연스럽게 틀어 주셨습니다.

　영상을 보는 시간은 대략 하루에 1~2시간 정도였습니다. 그러니까 제가 어떤 영상을 보고 싶을 때는 영어로만 봤기 때문에 제가 볼 수 있는 영상은 영어로만 존재한다고 생각했습니다. 영상에는 한국어가 없다고 믿었죠. 그리고 한국어는 엄마와 일상 대화를 하거나 엄마가 계속 읽어 주시는 책을 통해 습득했습니다.

부모님들이 참고할 수 있는 아이와 함께할 내용

① **영어 동요와 놀이 활용하기**
- 아이들이 좋아하는 동요를 반복적으로 들려주세요.
  예 Baby Shark, The Wheels on the Bus, If You're Happy and You Know It.
- 동요에 맞춰 춤을 추거나 손동작을 따라 하면서 자연스럽게 몸으로 익히게 해 보세요.

② **애니메이션과 스토리텔링**
- 디즈니 또는 픽사 애니메이션처럼 대사가 명확하고 재미있는 영상을 선택하세요.

예 Finding Nemo(니모를 찾아서), Frozen(겨울 왕국), Toy Story(토이 스토리)
- 영상을 본 후 캐릭터의 이름이나 장면에 대해 이야기하면서 대화를 이어 나가 보세요.
- 디즈니 또는 픽사의 경우, 영상이 길기 때문에 짧은 영상으로 시작하는 게 더 나을 수 있어요.

  예 Caillou(까이유), Timothy Goes to School(티모시네 유치원)

③ 놀이 속에서 영어 표현 사용하기
- 만약 부모님께서 영어를 능숙하게 사용하신다면 블록 쌓기나 역할극 놀이 중간중간에 간단한 영어 표현(예 "Let's build a house!")을 사용해 보세요.
- 부모님이 영어를 잘하지 못한다면 이 부분은 생략해도 됩니다.

결론은 부담 없는 '환경'

요약하면 엄마표 영어의 핵심은 아이에게 교육이라는 티를 내지 않고 자연스럽게 환경을 만드는 것입니다. 영어는 아이에게 재미있는 놀이처럼 느껴져야 합니다. 부모님이 강요하면 아이는 금방 흥미를 잃고 스트레스를 받게 됩니다.

아이가 좋아하는 활동 속에서 자연스럽게 영어를 접할 수 있도록 도와주세요. 이와 마찬가지로 부모님 역시 아이를 교육하는 과정에서 부담이 없어야 이 모든 과정이 쉽게 이루어질 수 있습니다.

02-2 영어 말하기가 늦어도 괜찮아요. 충분한 듣기부터!

발화가 늦어도 되는 이유

많은 부모가 아이가 영어를 배우기 시작했을 때 발화가 늦는 것을 걱정하곤 합니다. '왜 말을 하지 않을까?', '혹시 다른 아이들보다 늦는 건 아닐까?'라는 불안감이 생기기도 하죠. 그러나 발화는 언어 습득의 결과일 뿐, 시작점이 아닙니다. 아이가 충분히 듣고 이해하는 과정을 거치고 나면 자연스럽게 말문이 트이게 됩니다.

모국어 습득과 같은 원리

영어를 배우는 과정은 모국어를 익히는 방식과 크게 다르지 않습니다. 아이들은 태어나서 처음 몇 년 동안 부모님과 주변 사람들이 하는 말을 듣기만 합니다. 이 시기를 통해 수많은 단어와 문장을 귀에 익히고 어느 순간부터 자연스럽게 말하기 시작하죠. 영어도 이와 마찬가지입니다. 충분한 듣기(Input)가 쌓이면 발화(Output)는 자연스럽게 따라옵니다.

저의 어머니도 제가 어릴 때 영어 발화를 전혀 강요하지 않으셨습니다. 그 대신 영어 애니메이션이나 동요를 통해 재미있게 듣는 시간을 늘려 주셨습니다. 예를 들어 저는 '카(Cars)'의 라이트닝 맥퀸 대사를 따라 하며 놀았는데 그때는 단순히 흉내 내는 것처럼 보였지만, 사실은 듣고 이해한 내용을 재현하는 과정이었던 셈입니다.

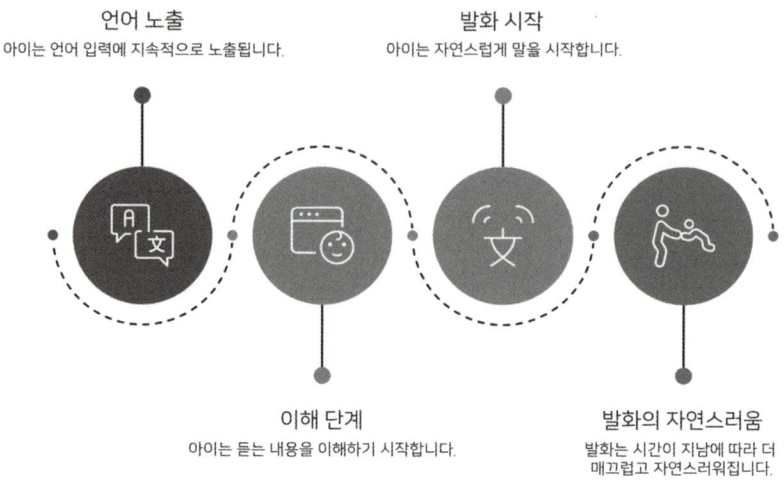

■ 언어 습득 단계별 과정 ■

발화를 강요하지 마세요

이 시기에 중요한 것은 아이에게 충분한 듣기(Input)를 제공하는 것입니다. 다음은 저의 어머니께서 항상 강조하는 말입니다.

"아이가 말을 안 한다고 걱정하지 마세요. 충분히 듣기가 쌓이면 발화는 자연히 이루어집니다."

어머니는 하루에 1~2시간씩만 영어 애니메이션을 틀어 주셨습니다. 그러나 어머니는 제가 그 영상을 얼마나 이해했는지 확인하지 않으셨습니다. 단지 제가 즐겁게 보고 있는지, 흥미를 느끼고 있는지만을 관찰하셨죠.

스티븐 크라센의 '정의적 여과막'

언어 학습에서 자주 언급되는 세계적인 언어학자 스티븐 크라센의 다섯 가지 가설 중에서도 '정의적 여과막(Affective Filter)' 가설은 심리적 부담이 높으면 언어 습득이 느려진다는 개념입니다. 아이에게 "얼른 말해 봐!"라고 닦달하면 오히려 긴장해서 말이 나오지 않습니다.

동요를 듣고 애니메이션을 즐기고 그림책 이야기를 함께 나누다 보면 어느 날 갑자기 아이가 대사를 따라 하거나 간단한 단어를 말하기도 합니다. 결국, "왜 말을 안 할까?"보다 "흥미 있게 듣고 보는 시간이 충분했나?"를 점검해야 합니다. 발화를 강요하기보다는 자연스럽게 노출 기회를 늘리는 것이 훨씬 효과적입니다.

충분한 듣기를 위한 구체적인 방법

아이가 발화를 시작하기 전까지는 듣기를 중심으로 자연스럽게 노출시키는 것이 중요합니다. 다음은 연령대별로 적합한 방법들입니다.

연령대	방법
2~4세	영어 동요와 챈트 반복 듣기, 짧은 애니메이션 시청, 그림책 읽어 주기
5~6세	영어 동화책 읽어 주기, 간단한 영어 게임 및 역할 놀이, 영어 오디오북 활용
7~9세	파닉스 학습 시작, 간단한 영어 그림책 직접 읽기, 영어 학습 앱 활용

▎ 연령대별 적합한 영어 노출 방법 ▎

앞에서 언급한 방법들은 아이의 특성에 따라 다를 수도 있습니다. 가장 중요한 점은 각 연령대에 맞는 적절한 방법을 선택하더라도 아이의 흥미와 관심사를 고려하여 다음 단계의 방법을 할 수도 있다는 것입니다.

단, 즐거움이 사라져서는 절대 안 됩니다. 또한 무리하게 조기 교육을 강요하기보다는 아이의 발달 단계에 맞춰 자연스럽게 영어에 노출시키는 것이 중요합니다. 제 경우를 말씀드리면, 저는 6살이 돼서야 알파벳과 파닉스를 배웠습니다. 그리고 7살 때부터 본격적으로 영어책 읽기 학습을 시작했습니다.

여기서 잠깐 '파닉스(Phonics)'에 대해 이야기를 해야겠네요. 파닉스는 영어의 문자와 소리 사이의 관계를 가르치는 학습법입니다. 즉, 알파벳이 어떤 소리를 가지고 있는지, 단어 안에서 어떤 소리를 내는지 익히는 것을 말합니다. 이는 아이들에게 영어를 읽고 쓰는 법을 가르치는 교육 방식으로 서로 다른 소리를 듣고 알아보고 사용할 수 있게 합니다. 쉽게 말해 영어권 국가에서 영어를 자연스럽게 읽고 쓰는 능력을 기르기 위한 중요한 기초 학습법이라고 할 수 있습니다.

파닉스를 배워야 하는 이유

- **영어의 기초:** 파닉스는 영어 학습의 첫 단계이자 가장 중요한 단계입니다.
- **독립적인 읽기 능력:** 파닉스를 통해 아이들은 스스로 새로운 단어를 읽을 수 있게 됩니다.
- **철자 학습 용이:** 파닉스는 단어의 철자를 외우는 데 큰 도움이 됩니다.
- **발음 향상:** 어린 시기에 올바른 발음을 배우면 나중에 고치기 어려운 발음 습관을 예방할 수 있습니다.
- **영어에 대한 흥미 증진:** 파닉스 학습은 영어에 대한 흥미를 높일 수 있습니다.
- **문해력 향상:** 파닉스 학습은 영어 문해력 향상에 도움이 됩니다.

파닉스를 배울 수 있는 가장 좋은 방법은 영어권 국가에 거주하는 것입니다. 국내에 살 경우에는 영어 유치원에 다니는 것이 가장 좋은 방법입니다. 하지만 저의 어린 시절과 달리, 요즘은 유튜브에도 좋은 콘텐츠가 많으므로 이를 통해 학습을 하는 것도 좋은 방법입니다. 예를 들어 'Bounce Patrol-Kids Songs'나 'Alphablocks'는 파닉스를 배우기 좋은 유튜브 채널입니다. 좀 더 자세한 내용은 [부록 2]에서 다룹니다.

어떤 방법이 맞을까?(성향별 영어 접근법)

아이마다 영어를 받아들이는 방식이 다릅니다. 따라서 아이의 성향을 고려하면 좀 더 효과적일 수 있습니다.

- 활동적인 아이 → 역할 놀이(가게 놀이 병원 놀이 등)에서 간단한 영어 표현 사용
- 책을 좋아하는 아이 → 한글로 읽은 책을 영어로 다시 읽어 보기(예 미녀와 야수, 해리포터)
- 영상을 좋아하는 아이 → 좋아하는 영상 보기
- 음악을 좋아하는 아이 → 영어 노래 따라 부르며 익히기(디즈니 OST, Super Simple Songs)
- 게임을 좋아하는 아이 → 영어 자막 켜고 게임하기, 유튜브에서 게임 영상 보기

▶ 02-3 부모의 역할은 '실력' 체크가 아닌 '웃음' 체크

테스트보다 중요한 것은 아이의 반응 관찰하기

어머니께서는 제가 어떤 콘텐츠에 흥미를 느끼는지 관찰한 후 그 방향

으로 콘텐츠를 제공하셨습니다. 제가 이 책을 쓸 때 '엄마표 영어' 관련 조언으로 계속 강조하신 건 다음과 같습니다.

"아이에게 확인하려고 하지 마세요. 그저 아이가 재미있어 했는지, 웃었는지, 즐거워했는지를 살피세요."

예를 들어 제가 애니메이션 대사를 따라 하며 놀았을 당시, 어머니께서는 제가 대사를 완벽히 이해했는지 확인하지 않으셨습니다. 그 대신 제가 애니메이션을 보며 웃고 즐거워하는 모습에 주목하셨죠. 그리고 그 흥미를 바탕으로 관련된 다른 영상을 계속 찾아 주셨습니다. 어머니께서는 요즘 저에게 "당시에는 DVD를 구하기가 어려웠는데 지금은 콘텐츠가 많아서 좋다."라고 말씀하십니다.

흥미 관찰
아이의 참여와 즐거움을 우선시하여 자연스러운 학습을 촉진합니다.

수준 테스트
아이의 언어 능력을 평가하려고 시도하지만 스트레스를 유발할 수 있습니다.

▌ 부모님의 지원-관찰 vs. 테스트 ▌

<u>테스트 대신 이런 질문을 해 보세요</u>

부모님께서 아이의 영어 학습 상태를 점검하고 싶다면 다음과 같은 질문들로 대체해 스스로 체크해 보세요.

- "아이가 이 활동을 즐겼나요?"
- "이 콘텐츠를 보며 웃었나요?"

- "다른 비슷한 활동에도 관심을 보였나요?"
- "활동 후에도 관련 내용을 이야기하거나 질문했나요?"

이 질문들은 아이의 흥미와 참여도를 파악하는 데 도움을 줍니다. 아이가 실수를 두려워하게 되면 영어를 놀이가 아닌 시험처럼 느끼게 되기 때문입니다. 영어 학습은 '결과'보다 '과정'이 중요합니다. 아이가 즐겁게 참여하면 그 자체로 이미 성공적인 학습 환경이 조성된 것입니다.

▌ 부모님의 테스트와 관찰에 따른 영향 ▌

핵심 요약

- 저의 어린 시절 경험에 비춰 보면 영어를 '공부'가 아닌 '놀이'로 접하는 게 효과가 훨씬 좋았습니다.
- 발화(Output)가 늦어도 전혀 문제가 없습니다. 풍부한 입력이 먼저 축적돼야 말문이 터집니다.
- 아이가 즐겁게 참여하고 있는지를 관찰하는 게 가장 중요합니다.
- 모든 연령층이 함께 즐길 수 있는 적절한 난이도의 콘텐츠를 찾는 것이 중요합니다.

직접 해 보기 2장 실천 미션!

① **애니메이션 한 편, 오늘은 자막 없이 도전!**
　　오늘 딱 10분 만이라도 자막을 끄고 애니메이션을 봅니다. 모든 말을 이해하지 못해도 괜찮아요. 아이의 연령에 맞게 다음 추천 예시 중에서 선택해 보세요.
　　"Bluey.", "Paw Patrol.", "PJ Masks."

② **쉽고 재미있는 영어 노래 따라 부르기**
　　아이가 즐겁게 따라 부를 수 있는 노래를 하루에 하나씩 골라 함께 불러 보세요. 노래를 부르면서 춤을 추거나 손동작을 따라 하면 영어를 훨씬 더 재미있게 익힐 수 있습니다.

유아 및 미취학	'Baby Shark', 'The Wheels on the Bus', 'If You're Happy and You Know It'
초등 저학년	디즈니 '라이온킹'의 'Hakuna Matata', '겨울왕국'의 'Let It Go'
유튜브 채널 추천	'Super Simple Songs', 'Cocomelon', 'Little Baby Bum'

③ **놀이 시간에 간단한 영어 표현 사용해 보기**
　　아이와 놀이를 할 때 다음과 같은 간단한 영어 표현을 활용해 보세요. 너무 어렵지 않게, 자연스럽게 놀이 속에서 녹여 내는 게 포인트입니다. 하지만 부모님께서 영어를 잘 못해서 부담스럽다면 이 부분은 생략해도 상관없습니다.

　　| 상황별 놀이 표현 예시 |

정리 정돈 놀이	"Let's clean up!"(정리하자!)
간식 시간 놀이	"It's snack time!"(간식 먹자!)
블록 쌓기 놀이	"Wow, that's a tall tower!"(와, 탑이 정말 높다!)
숨바꼭질 놀이	"Where are you? I can't see you!"(어디 있지? 안 보이네!)

아이에게 테스트하듯 물어보지 마시고 "재미있었어?", "어떤 놀이가 제일 좋았어?" 처럼 아이의 흥미와 즐거움 위주로 확인하세요.

④ 디지털 기기를 활용한 인터랙티브 영어 학습

하루 10~15분 정도 재미있는 영어 학습 앱이나 웹 사이트를 활용하여 놀이처럼 영어를 접하게 해 주세요. 디지털 기기를 어렸을 때부터 접하는 걸 싫어하는 가정에서는 선택 사항으로 하시고 가급적 7세 이상을 권장합니다.

연령별 콘텐츠 추천

유아(3~6세)	• 'Starfall'(파닉스 중심 영어 학습 웹 사이트) • 'ABC Mouse'(애니메이션, 게임 중심 학습 앱)
초등 저학년 (7~9세)	• 'Duolingo Kids'(게임 형태로 즐기는 영어 앱) • 'PBS Kids'(다양한 영어 게임과 애니메이션 학습 웹 사이트) • 'Khan Academy Kids'(다양한 영어 학습 활동을 제공하는 무료 앱)

TIP 유튜브에서 영어 콘텐츠만 보기 위한 설정 방법

① 계정 언어 및 위치 설정 변경
- 유튜브에 로그인한 후 프로필 사진을 클릭합니다.
- '언어' 또는 '위치'를 선택합니다.
- 미국이나 영국 등 영어권 국가를 위치로 설정합니다.

② VPN 사용
- 영어권 국가의 IP 주소를 사용하는 VPN을 설치하고 활성화합니다.

③ 검색 설정
- 검색할 때 영어 키워드를 사용합니다.
- 검색 결과에서 '필터' 옵션을 사용하여 언어를 영어로 제한할 수 있습니다.

④ 채널 구독 및 시청 기록 관리
- 영어 콘텐츠 채널만 구독하면 홈 피드에 영어 콘텐츠가 더 많이 나타납니다.
- 영어 동영상을 주로 시청하면 유튜브 알고리즘이 점차 더 많은 영어 콘텐츠를 추천하게 됩니다.

CHAPTER · 3

초등 고학년:
이제 시작해도 늦은 건 아니다!

　초등학교 3~6학년이라고 해도 영어를 본격적으로 시작하기에는 전혀 늦지 않습니다. 오히려 이 시기는 자신의 관심 분야가 확실해질 만큼 뇌가 성장한 상태입니다. 이를 영어와 연결하면 폭발적인 성장도 기대할 수 있습니다. 제 경우에도 초등 5학년 때부터 게임·유튜브 등을 영어와 결합하면서 영어 실력이 본격적으로 늘었습니다.

▷ 03-1 게임과 유튜브로 영어 실력 키우기

초등학교 고학년, 영어 시작의 또 다른 황금기

　초등학교 3학년이 되면 학교에서 영어 수업을 시작합니다. 보통은 이때도 영어를 그냥 재미로 받아들이게 됩니다. 그리고 초등학교 고학년이 되면 많은 부모님과 학생이 '영어 기초 체력을 쌓기에 너무 늦은 게 아닐까?'라는 고민을 하곤 합니다. 주변에는 이미 영어 유치원을 다녔거나, 외국에서 살다 왔거나, 어릴 때부터 영어 학원을 다닌 친구들이 생각보다 많기 때문입니다.

물론 대부분의 영어 학원에서도 초등학교 5학년 이전에 영어 기초를 만들어야 한다고 하고 그 이후는 늦는다며 불안감을 조성하기도 합니다. 이 시기의 학생들은 자신의 관심사와 취미가 명확해지기 때문에 이를 영어와 연결하면 자연스럽게 동기 부여가 되고 지속적인 흥미를 느끼기 쉽습니다. 즉, 중요한 것은 '언제 시작했느냐'가 아니라 '얼마나 지속적으로 영어를 접할 수 있느냐'입니다. 독일에서 진행된 한 연구에서도 이와 비슷한 결과가 나왔습니다. 초등학교 3학년부터 영어를 시작한 학생들이 1학년부터 배운 학생들보다 중학교 진학 후 더 나은 영어 실력을 보였다고 합니다.

핵심 이유	구체적 내용
자기 주도 학습 가능	• 이미 관심사(게임·스포츠·유튜브)를 알고 있어 영어를 '놀이'처럼 느낀다. • 흥미 기반 접근이라 시간을 자발적으로 더 투자한다.
인지 발달 및 학습 전략	• 한글 독해력과 사고력이 발달→ 영어 문장도 빠르게 흡수 • 모국어 지식을 활용해 곧바로 적용
흥미+실용성 결합	• 재미를 추구하지만 필요성도 느끼는 나이 • 즐거운 콘텐츠로 시작하면 영어가 공부 아닌 일상 도구가 된다.

▎초등 고학년이 영어 학습에 유리한 이유 ▎

왜 초등 고학년이 영어 학습에 유리할까?
① 자기 주도 학습 가능성
- 초등 고학년 학생들은 이미 자신이 좋아하는 활동이나 취미를 알고 있습니다. 게임, 스포츠, 유튜브 등 관심사를 영어와 연결하면 학습이 강요가 아닌 놀이처럼 느껴집니다.
- 이런 흥미 기반 접근법은 학생들이 자발적으로 더 많은 시간을 영어에 투자하게 만들어 결과적으로 학습 효과가 높아집니다.

② 인지적 발달과 학습 전략
- 이 시기의 학생들은 한글 독해와 사고력이 발달해 있으므로 흥미만 있으면 빠르게 익힐 수 있습니다.
- 기초가 부족하더라도 이미 발달된 모국어 지식과 문제 해결 능력을 활용해 효율적으로 학습할 수 있습니다.
- 다만, 주 1~2시간의 제한적인 노출만으로는 충분한 진전을 기대하기 어려우므로 일상에서 영어를 접할 기회를 꾸준히 늘려 나가는 것이 중요합니다.

③ 흥미와 실용성의 결합
- 초등 고학년은 학습보다 재미를 추구하지만, 이와 동시에 실용적인 가치도 이해하기 시작합니다.
- 이 시기에 재미있는 콘텐츠를 통해 영어를 접하면 영어가 공부가 아닌 즐거운 활동으로 자리 잡을 수 있습니다.

보완해야 할 부분과 현실적인 접근

① 개인차 인정하기
- 모든 아이에게 동일한 접근법이 효과적인 것은 아닙니다. 아이의 성격, 학습 스타일, 언어 적성에 따라 학습 방법을 조정할 필요가 있습니다.
- 늦게 시작한 일부 학생들은 체계적인 문법 학습이 선행돼야 편안함을 느끼기도 합니다.

② 발음과 청취력 고려
- 발음 습득 면에서는 10~12세 이전이 유리할 수 있지만, 충분한 청취 훈련과 따라 말하기 연습을 통해 고학년에서도 좋은 발음을 익힐 수

있습니다.
- 영어 노래, 애니메이션, 팟캐스트 등 다양한 청취 자료에 충분히 노출시키는 것이 중요합니다.

③ 중학교 진학 대비
- 초등학교에서 중학교로 넘어가면서 영어 교육이 놀이 중심에서 문법과 어휘 중심으로 바뀌는 현실을 고려해야 합니다.
- 고학년 시기에 재미있게 기본 문법과 어휘를 자연스럽게 익힐 수 있는 활동을 병행하면 이러한 시기를 좀 더 수월하게 넘길 수 있습니다.

게임과 유튜브로 시작하기

이 시기의 학생들은 대부분 게임과 유튜브에 큰 흥미를 느낍니다. 이를 영어와 접목하면 '영어 = 재미'라는 인식을 심어 주기에 제격이죠. 저 역시도 그랬고요.

① 게임 활용하기

해외 게임 서버에서 외국 친구들과 대화하다 보면 영어 표현과 문장을 자연스럽게 익힐 수 있습니다. 특히 텍스트 채팅이나 음성 채팅을 통해 실전 감각을 키우는 데 효과적입니다.
- 추천 게임: Minecraft, Roblox, Fortnite 등 멀티플레이가 가능한 게임
- 활용 방법
  - 텍스트 채팅: 간단한 인사말이나 팀워크 관련 표현을 사용해 보세요.(예) "Hey, wanna play together?", "Thanks dude!")
  - 음성 채팅: 디스코드(Discord)와 같은 플랫폼을 활용하면 외국 친구들과 대화하면서 듣기와 말하기 능력을 동시에 키울 수 있습니다.

② 유튜브 활용하기

　좋아하는 주제의 해외 유튜브 채널을 구독하세요. 게임 리뷰, 스포츠 하이라이트, 음악 등 다양한 콘텐츠가 있습니다. 처음에는 자막 없이 짧은 영상을 보고, 점차 시간을 늘려 보세요.

③ 추천 채널
- **게임 리뷰:** IGN, GameSpot
- **스포츠:** ESPN Highlights, NBA Official
- **과학·역사:** Kurzgesagt, CrashCourse

영어는 재미와 연결될 때 가장 효과적이다

　영어는 단순히 시험 점수를 위한 과목이 아니라 세상과 연결되는 도구입니다. 좋아하는 콘텐츠를 영어로 접하게 하면 영어는 더 이상 '공부'가 아니라 '놀이'로 느껴질 것입니다.

학생을 위한 활동

① 좋아하는 게임·유튜브 채널 찾기

- 하루 10~15분 동안 영어 자막 없이 콘텐츠를 시청하거나 플레이하며 새로운 표현을 발견합니다.
- 연령에 적합한 콘텐츠를 선택합니다.

② **영어 표현 메모하기**
- 게임 속에서 듣거나 유튜브 영상에서 본 표현들을 메모하고 다음에 직접 사용해 보세요.
  - 예 "Hey, that was pretty good! Gg dude.", "Well done bro.", "You wanna add me later?"

③ **간단한 댓글 달기**
- 유튜브나 게임 커뮤니티에 간단한 댓글을 남겨 보세요.
  - 예 "Amazing play!", "Great video!"
- 개인정보를 절대 공유하지 않는 규칙을 반드시 이해시켜야 합니다.

부모님을 위한 조언

① **자녀의 관심사 존중하기**
- 아이가 좋아하는 활동(게임, 스포츠 등)을 영어와 연결할 수 있도록 격려하되, 강요하지는 마세요.

② **부담 없는 환경 조성하기**
- 자녀가 원할 때 함께해 주고 학습보다 재미에 초점을 맞추세요.

③ **작은 성취 격려하기**
- 아이가 새로운 표현을 배우거나 사용할 때마다 칭찬하며 자신감을 북돋아 주세요.

④ **온라인 안전 관리하기(중요)**
- **콘텐츠 필터링 설정**: 유튜브, 게임 플랫폼 등에 부모 통제 기능을 활

성화하세요.
- **정기적인 모니터링**: 자녀가 접하는 콘텐츠가 적절한지 확인하고 시청 기록을 주기적으로 점검하세요.
- **함께 시청하기**: 처음에는 자녀와 함께 콘텐츠를 시청하며 적절성을 판단하세요.
- **시간 제한 설정**: 화면 시간을 제한하고 자동 재생 기능을 비활성화하여 과도한 사용을 방지하세요.

⑤ 열린 대화 유지하기
- 자녀가 온라인에서 부적절한 콘텐츠를 접했을 때 부모에게 바로 알릴 수 있는 신뢰 관계를 구축하세요.
- 콘텐츠가 부적절할 경우, 어떻게 대응해야 하는지(페이지 닫기, 신고하기 등) 미리 알려 주세요.

⑥ 가족 가이드라인 수립하기
- 온라인 사용에 대한 명확한 규칙을 정하고 개인정보 보호의 중요성을 강조하세요.
- 낯선 사람과의 대화나 개인정보 공유의 위험성에 대해 알려 주세요.

부모님들께서 요즘 어린 나이에 영어를 빨리 배우는 친구들이 늘어나 조급해하는 경우가 많은데요. 초등학교 고학년은 영어를 시작하기에 늦지 않은 시기입니다. 오히려 자신만의 관심사를 바탕으로 영어를 접하면 훨씬 효과적으로 배울 수 있습니다. 중요한 것은 강요하지 않고 아이가 스스로 흥미를 느끼며 즐길 수 있는 환경을 만들어 주는 것입니다. 이와 동시에 영어 학습이 효과적이려면 아이가 안전하게 콘텐츠를 소비할 수 있는 환경을 조성하는 것이 중요합니다. 부모님이 적절한 감독과 지도를 통해 온라인 활동을 관리하면 아이는 영어를 긍정적으로 받아들이면서도 안전하게 학습할 수 있습니다.

03-2 필자의 초등 5학년 에피소드-게임 속에서 만난 실전 영어

초등학교 5학년 때 실전 영어를 만나다

이번은 초등학교 5학년 때부터 제가 어떻게 영어 실력을 폭발적으로 성장시켰는지에 대한 이야기입니다. 아마 이번 장을 더 궁금해하는 부모님들도 있으실 겁니다. 이미 영어가 어느 정도 되는 상태에서 어떻게 하면 고급 영어를 스트레스를 받지 않고 자연스럽게 익히게 되는지를 말이죠. 그래서 이번 장은 저의 경험을 설명드리고 아마 저와 비슷한 상황에 있는 친구들도 있을 수 있으니 이런 방법도 가능하다는 걸 생각해 주시면 좋겠습니다.

저는 초등학교 5학년이 되기 전까지 영어를 꽤 잘한다고 생각했습니다. 학교에서는 초등학교 3학년 때부터 영어 수업이 시작됐고 제가 다니는 학교에는 한국인 선생님과 원어민 선생님 두 분이 들어오셨습니다. 원어민 선생님과 저는 아주 자연스럽게 대화했습니다. 그래서 친구들 사이에서도 영어를 잘하는 아이로 통했죠. 하지만 그 자신감은 제가 처음으로 해외 게임 커뮤니티에 접속했던 날에 여지없이 무너졌습니다.

처음 접한 해외 커뮤니티

당시 저는 게임을 좋아하던 평범한 초등학생이었습니다. 우연히 유튜브에서 해외 게이머들이 활동하는 '디스코드 커뮤니티(Discord

Community)'를 알게 됐고 호기심에 가입했습니다. 그곳에서는 모두 영어로만 대화했습니다. 저도 용기를 내어 말을 걸었지만 돌아온 반응은 차가웠습니다.

"쟤 영어가 왜 저래?"
"뭐라고 하는 거야? 무슨 말인지 모르겠네."

그 순간 저는 큰 충격을 받았고 그제야 깨달았습니다. 학교에서 배운 영어는 시험 문제를 풀기 위한 것이었을 뿐, 실제 원어민들이 쓰는 영어와는 거리가 멀다는 것을요. 아무리 문법적으로 맞는 문장을 써도 원어민들은 제가 말하는 방식을 어색하게 느꼈습니다.

그 이유는 간단했습니다. 제가 가입한 게임 커뮤니티의 회원들은 대부분 성인들이었기 때문에 제가 쓰는 어휘, 표현과는 많은 차이가 있었던 것

입니다. 그때의 경험은 저에게 강한 동기를 부여했습니다. '내가 이들과 자연스럽게 대화할 수 있을 만큼 영어를 잘해야겠다!'라는 결심을 하게 만들어 주었습니다.

매일 5시간씩 영어로 대화하다

저는 방과 후 숙제를 마치고 다른 공부들을 대충 끝낸 다음 매일 몇 시간씩 게임 커뮤니티에 접속했습니다. 처음엔 텍스트 채팅으로, 그다음엔 음성 통화도 시도했어요. 말이 너무 빨라 못 알아듣는 말도 많았지만, 모르는 표현은 구글을 검색하거나 친구들에게 물어가며 하나씩 배우기 시작했습니다.

예를 들어 게임 채팅에서 자주 쓰는 표현인 'GG(Good Game)'처럼 게임을 통해 실제 영어 표현을 자연스럽게 익혔습니다. 점차 'Nah', 'No cap', 'For Real/fr', 'Ong'와 같은 신조어도 익혔고 이를 통해 실제 온라인 커뮤니케이션 문화도 배웠습니다.

필자의 단계별 성장 과정

① '정제된 영어'와 '실전 대화'의 벽을 깨닫기

애니메이션이나 유튜브로 혼자 영어를 접할 때는 모든 것이 제 통제하에 있었습니다. 언제든 멈추고, 다시 볼 수 있었죠. 하지만 수십 명이 동시에 떠드는 음성 채팅 채널은 완전히 다른 세상이었습니다. 겹치는 말소리와 예측 불가능한 대화의 흐름 속에서 제가 알던 '정제된 영어'는 절반의 위력밖에 발휘하지 못했습니다.

② 대화의 속도를 따라잡는 순발력 기르기

완벽한 문장을 만들려다 대화의 흐름을 놓치기 일쑤였습니다. 그래서 짧고 간단한 문장으로 즉시 반응하는 연습부터 시작했고, 점차 표현에 살을 붙여 나갔습니다.

③ 단순한 청취자에서 대화를 이끄는 리더로

몇 달 후 저는 여러 명이 참여하는 대화에서도 제 의견을 말하고 흐름을 주도하는 리더가 되어 있었습니다. 실전 경험이 영어에 자신감을 불어 넣어 주었습니다.

게임 속에서 배우는 영어의 힘

저에게 게임은 단순한 놀이가 아니라 영어를 실전에서 쓰는 훈련장이었습니다. 게임 속에서 팀원을 설득하려면 논리적으로 말해야만 했고 농담이나 감정 표현도 끊임없이 시도해야만 했죠. 교과서에서는 절대 배울 수 없는 현지인들의 실전 영어였습니다.

영어 실력의 폭발적인 성장

몇 달 동안 매일 5시간 이상 외국인들과 소통하면서 제 영어 실력은 눈에 띄게 향상됐습니다. 특히 듣기와 말하기 능력이 크게 발전했는데, 이는 단순히 문법책이나 문제집으로 공부했더라면 절대 얻을 수 없는 경험이었습니다. 부모님들은 게임하는 외국인들이 이상한 사람들이 아닌가 하고 오해를 하실 수도 있는데 저와 지금도 소통하는 외국 친구들은 대학생, 빅테크 개발자, 교사, 성우, 일반 직장인 등 직업이 다양합니다. 그러다 보니 제 친구들은 지금도 제 나이를 잘 모르지만, 실제 나이가 많은 성인들이 대부분이었습니다. 그 친구들과 개인적인 고민을 서로 이야기할 때도 있고 가끔 정치, 시사, 경제 이야기도 하면서 제 나이에 걸맞지 않은 많은 지식을 얻게 됐습니다.

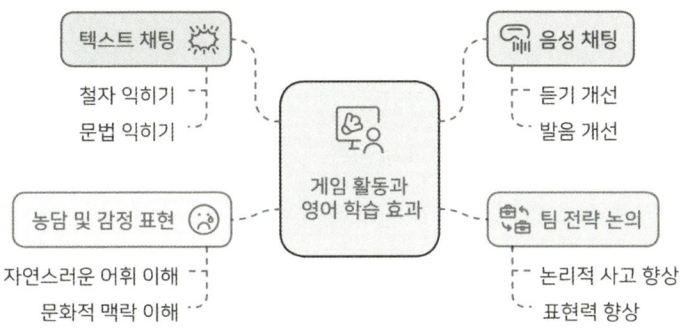

▌ 영어권 게임이 영어 학습에 미치는 효과 ▌

부모님은 몰랐던 나의 노력

부모님은 제가 단순히 게임만 한다고 생각하셨지만, 사실 저는 매일 영어라는 전쟁터에서 살아남기 위해 치열하게 노력하고 있었습니다. 단순한 놀이가 아니라 게임 속에서 협력하고 전략을 논의하며 자연스럽게 영어를 익힌 것이죠. 매일 새로운 단어와 표현들을 배우며 그 과정을 즐겼습니다. 처음에는 힘들었지만, 시간이 지날수록 영어가 점점 익숙해졌고 어느 순간부터는 외국 친구들과의 대화가 전혀 부담스럽지 않게 됐습니다.

사실 많은 부모가 자녀가 게임이나 유튜브에 몰입하는 모습을 보며 '그냥 노는 거다.'라고 생각할 수 있습니다. 하지만 아이들은 그 순간에도 자신만의 방식으로 영어를 익히고 있을지도 모릅니다. 물론 그 채널이나 콘텐츠가 영어로 되어 있을 때만 가능한 이야기입니다. 당연히 한국어로 된 콘텐츠만 소비하고 있다면 영어가 늘 수 없겠죠.

아마 이 책을 읽고 계신 부모님 중에서도 자녀가 저와 비슷한 방식으로 영어를 배우고 있는 경우가 있을 것이고 또 어떤 분은 '우리 아이는 기초가 너무 없는데 지금부터 해도 될까?'라는 고민을 하고 계실지도 모르겠습니다.

하지만 절대로 늦지 않았습니다. 아이가 좋아하는 것을 영어와 연결할 수 있는 방법을 찾아보세요. 게임이든, 스포츠든, 유튜브든 상관없습니다. 중요한 것은 아이가 영어를 꾸준히 즐겁게 접할 수 있는 환경을 만드는 것입니다. 그렇게 하면 영어로 할 수 있는 일들이 훨씬 많아질 겁니다.

영어는 쓰면서 배운다

저는 해외 게임 커뮤니티에서 얻은 경험을 통해 영어를 '공부'가 아닌 '사용'으로 접근해야 한다는 것을 깨달았습니다. 그래서 영어 단어를 기억할 때도 다른 사람들은 '이 단어를 외워야지.'로 접근하지만, 저는 '이 단어를 써먹어야지.'로 접근합니다. 그게 제가 영어 단어장이 따로 없는 이유이고 저만의 영어 단어 기억 방식이기도 합니다. 매일 몇 시간씩 실전에서 영어를 사용하며 배운 것은 시험 문제집 10권보다 훨씬 더 큰 효과를 가져다 주었습니다.

▶▶ 03-3 외우는 환경보다 즐기는 환경이 중요해요

시험처럼 접근하면 영어가 '싫은 과목'이 된다

초등 고학년이 되면 많은 부모가 '이제라도 단어를 외우고 문법을 익혀야 하지 않을까?'라는 고민을 합니다. 그러나 초등학교 시기의 영어 학습은 '시험공부'처럼 접근하기보다 아이와 함께 영어를 자연스럽게 즐길 수 있는 환경을 만들어 주는 것이 훨씬 효과적입니다. 제 어머니의 철학은 간단했습니다.

"영어는 도구입니다. 도구는 쓰면서 배우는 것이지 외워서 배우는 게 아닙니다."

어머니께서는 영어를 공부가 아니라 사용하는 도구로 보셨습니다. 실제로 도구는 써 보면서 익히는 것일 뿐, 단순 암기로 배우는 것이 아니라는 것이죠.

▎효과적인 영어 학습 환경 ▎

부모의 역할: 부담감을 덜어 주는 것이 핵심

영어를 학문으로 느끼게 하면 아이들은 흥미를 잃기 쉽습니다. 아이가 좋아하는 활동 속에서 자연스럽게 영어를 접할 수 있도록 도와주는 것이 중요합니다.

"외국 친구들하고 재미있게 노네. 재미있으면 계속해 봐."
"너 스스로 뭔가 하고 싶어서 하는 거니까 잘하고 있는 거야."

이런 어머니의 격려가 저에게 큰 힘이 됐습니다.

시험공부를 하듯이 단어를 외우게 하지 말고 자연스럽게 익히게 하라

아이들이 단어를 억지로 외우는 대신, 자연스럽게 익힐 수 있는 환경을 만들어 주세요.

① 게임 속 표현

게임 채팅이나 음성 대화에서 자주 쓰이는 표현들은 반복적으로 들리기 때문에 자연스럽게 기억됩니다. 실제로 해 보면 그 속도가 매우 빠르기 때문에 언어를 자연스럽게 받아들일 수밖에 없습니다. 이 과정을 통해 라이팅과 스피킹 실력도 자연스럽게 성장합니다. 게임에서는 자연스럽게 논쟁이 생기고 이를 해결하려면 논리적으로 설명해야 합니다. 이 과정에서 오해를 풀기 위해 상당히 긴 문장을 쓰거나 음성으로 소통하게 되죠.

② 책 속 문장

그림책이나 간단한 동화책을 반복해서 읽다 보면 문장 구조와 어휘가 익숙해집니다. 사람에 따라 영상보다 책을 더 선호하기도 하기 때문에 방법은 선택하기 나름입니다. 영어 원서의 경우에는 스티븐 크라센의 입력 가설 이론처럼 레벨에 맞는 영어책을 선택하는 것이 좋은데, 이때 렉사일(Lexile) 지수를 활용하는 방법을 추천합니다. (7장에서 자세히 다룹니다.)

영어 실력에 따른 실천 방법

① 영어로 생각의 깊이를 더하다(심화 과정)

이미 영어 기초가 탄탄한 학생이라면, 관심사를 더 깊이 파고드는 심화 활동으로 영어 실력을 한 단계 끌어올릴 수 있습니다. TED-Ed나

Crash Course 같은 교육 채널을 시청하고, 렉사일 지수를 활용해 영어 원서를 읽으며 독서 일지를 작성해 보세요. 영어 토론 클럽이나 온라인 프로젝트에 참여하여 창의적으로 영어를 사용하는 것도 훌륭한 방법입니다.

② 놀이처럼 즐기는 영어 환경(기초 다지기)

영어가 아직 어려운 학생에게는 '즐거움'이 최고의 동기 부여입니다. 부모님께서는 강요 대신, 아이가 좋아하는 게임을 영어로 플레이하게 하거나 관심 있는 주제의 유튜브를 함께 시청하며 자연스러운 환경을 만들어 주세요. 간단한 영어 그림책을 읽으며 "What's this?" 같은 쉬운 질문으로 대화를 나누는 것만으로도 영어에 대한 긍정적인 경험을 쌓을 수 있습니다.

핵심 요약

- 초등 고학년은 '관심사'가 뚜렷해져 영어 몰입을 시작하기 좋은 시기입니다. 기초가 부족해도 호기심이 생기고 몰입할 수 있다면 실력이 빨리 상승됩니다.
- 게임, 유튜브, SNS처럼 아이가 실제로 즐기는 공간에서 영어를 접하면 공부가 아닌 '일상의 언어'로 자연스럽게 흡수됩니다.
- 짧은 채팅이나 댓글도 훌륭한 방법입니다. 줄임말, 신조어 등 시험 범위에 없는 표현들도 재미있게 익히며 영어 감각을 키워 보세요.

직접 해 보기 3장 실천 미션!

① **영어 모드로 최애 게임 즐겨 보기**

여러분이 가장 좋아하는 게임을 영어로 설정한 후 하루에 10분씩 또는 시간을 정해 놓고 영어로 플레이해 보세요. 게임을 하면서 영어 표현을 자연스럽게 익히는 가장 쉬운 방법입니다.

예시	
마인크래프트 (Minecraft)	언어 설정을 '영어'로 변경하고 간단한 아이템 이름이나 메시지를 영어로 보면서 익숙해져 보세요.
로블록스 (Roblox)	자주 방문하는 로블록스 게임 월드에서 영어 채팅을 시도해 보세요. 예를 들어 "Hello!", "Nice game!" 등 간단한 인사말을 사용할 수 있어요.

② **하루 딱 10분, 해외 유튜브 시청 도전!**

아이의 흥미 분야(스포츠, 댄스, 먹방 등)를 선택해 자막 없이 해외 유튜브 영상을 보세요. 모르는 표현이 나오면 잠시 일시 정지하고 바로 검색해 보는 것도 좋아요. 이렇게 하면 실력도 쌓이고 흥미도 유지된답니다.

주제별 추천 유튜브 채널	
게임을 좋아한다면?	'FGTeeV'(Roblox, Minecraft 등 다양한 게임 콘텐츠)
스포츠를 좋아한다면?	'ESPN', 'FIFA', 'NBA'(축구, 스포츠 하이라이트 영상)
댄스, 액티비티에 관심이 있다면?	'GoNoodle'(신나는 음악과 함께하는 댄스 및 액티비티 영상)
과학이나 탐구를 좋아한다면?	'National Geographic Kids'(흥미로운 동물, 과학 탐구 영상)

영상을 보면서 좋아했던 표현이나 기억하고 싶은 단어는 간단히 적어 두는 방법도 추천합니다. [부록 2]에 다른 채널들도 정리해 두었으므로 참고하시기 바랍니다.

③ 해외 커뮤니티에 가볍게 영어 댓글 달기

좋아하는 게임 커뮤니티나 캐릭터 팬 페이지에 영어로 간단한 댓글을 남겨 보세요. "Awesome!", "Great job!"과 같은 짧은 댓글도 좋아요. 실제 외국인들과 소통하는 재미를 느껴 보세요.

안전하고 친근한 영어 커뮤니티 추천

㉠ 레고 공식 영어 커뮤니티(LEGO Life)
https://www.lego.com/ko-kr/kids

추천하는 이유	레고의 공식 아동용 커뮤니티로, 앱을 통해 서로의 창작품 사진을 올리고 간단한 댓글을 영어로 남길 수 있습니다. 관리자가 게시글과 댓글을 항상 모니터링하고 있으므로 안전합니다.
사용 가능한 댓글 예시	"Wow, great build!"(와, 정말 멋진 작품이야!) "This is awesome!"(이거 정말 대단한데!) "Nice job, I love your idea!"(멋진 작품이야, 아이디어 정말 좋아!)

㉡ 마인크래프트 공식 영어 포럼(Minecraft Forum)
https://www.minecraftforum.net/forums

추천하는 이유	마인크래프트 게임의 공식 포럼으로, 게임 관련 정보와 유저들이 만든 콘텐츠가 활발히 공유되고 있습니다. 안전하게 운영되는 글로벌 커뮤니티로 잘 알려져 있습니다.
사용 가능한 댓글 예시	"Awesome design!"(멋진 디자인이야!) "Thanks for the tip, it's helpful!"(팁 고마워, 정말 도움이 됐어!) "How did you build this? It's cool!"(어떻게 만든 거야? 정말 멋지다!)

㉢ 내셔널 지오그래픽 키즈(National Geographic Kids)
https://kids.nationalgeographic.com

추천하는 이유	초등학생 수준에 맞춰 과학, 동물, 지리 관련 정보가 올라오는 공식 웹 사이트입니다. 다양한 게시물과 퀴즈가 있고 간단히 댓글을 남기면서 흥미로운 영어 표현을 접할 수 있어요.
사용 가능한 댓글 예시	"I love this animal!"(난 이 동물이 너무 좋아요!) "Great facts, thank you!"(좋은 정보 고마워요!) "This is interesting!"(이거 정말 흥미롭네요!)

㉡ 코딩 커뮤니티(Scratch)
https://scratch.mit.edu/

추천하는 이유	MIT에서 개발한 교육용 프로그래밍 언어 및 커뮤니티입니다. 어린이들이 직접 만든 게임, 애니메이션, 인터랙티브 스토리를 공유하고 소통할 수 있습니다. 다른 사용자의 프로젝트에 댓글을 달거나 아이디어를 교환하며 창의적인 영어 표현을 익힐 수 있습니다.
사용 가능한 댓글 예시	"Cool game! How did you make the characters move?"(재미있는 게임이네요! 캐릭터는 어떻게 움직이게 만들었어요?) "I love the music in this project!"(이 프로젝트에 사용된 음악이 정말 좋아요!) "Great job! Can you teach me how to do that?"(정말 잘했어요! 어떻게 하는지 알려 줄 수 있나요?)

④ AI로 만드는 나만의 4컷 영어 일기

오늘 있었던 일을 그림 일기로 남기듯 AI를 활용해 4컷 영어 툰을 만들어 보세요. 글로만 쓰는 것보다 훨씬 재미있고 기억에도 오래 남습니다.

그림으로 기억하는 영어

㉠ 주제와 스토리 정하기
먼저 '아이스크림을 사 먹은 날'처럼 일기 주제를 정하고, 4개의 장면으로 스토리를 구상합니다.

㉡ 장면별 영어 대사 넣기
각 장면에 어울리는 간단한 영어 대사를 미리 생각해 둡니다.
예 Oh, an ice cream shop!, Yummy! So good!

㉢ AI에게 그림을 그려 달라고 요청하기
구글 위스크(Google Whisk)에서 아래 예시처럼 영어로 명령어를 입력하면 멋진 4컷 툰이 완성됩니다(챗GPT도 가능하지만, 구글 위스크를 추천드립니다. 현재 무료).

Create a single-page four-panel comic strip (2x2 grid format) in a vibrant, classic comic art style.

Panel 1 (Top Left): A young boy with dark hair looks up eagerly at a colorful ice cream display. Dialogue: "Oh, an ice cream shop!"

Panel 2 (Top Right): The same boy smiles, pointing at a two-scoop ice cream cone (pink strawberry on top, white vanilla below). Dialogue: "Strawberry and Vanilla, please!"

Panel 3 (Bottom Left): The boy grins widely, holding his two-scoop ice cream cone with delighted eyes. Dialogue: "Wow!"

Panel 4 (Bottom Right): The boy sits on a park bench, happily tasting his ice cream. Dialogue: "Yummy! So good!"

이렇게 2×2로 구성된 4컷 툰을 만들어 달라고 지시한 후 각 패널별로 어떻게 구성되는지를 알려 주고 이곳에 들어갈 대사를 만들어 주면 재미있는 4컷 툰이 완성됩니다.

CHAPTER · 4

중학생:
실전 영어가 답이다

 중학생이 되면 이미 초등 시절부터 영어 기초 체력을 충분히 다져 학원에 의존하지 않아도 되는 친구들도 있고 심지어 중학교 1학년 때부터 '대학 수능 영어 시험'을 볼 정도의 실력을 갖춘 친구들도 있습니다. 반면, 초등학교에서 영어를 제대로 준비하지 못해 중학교에 올라와 '영어가 막막하다.'라고 느끼는 친구들도 있습니다.

 이런 차이가 생기는 이유는 영어를 어떻게 접해 왔는지에 따라 다르기 때문입니다. 영어를 단순한 시험 과목으로 공부했던 학생들은 내신 부담이 커질수록 점점 영어를 어렵고 부담스럽게 느끼지만, 실전에서 영어를 사용해 본 학생들은 스트레스 없이 자연스럽게 실력을 키웁니다. 그렇다면 중학생이 된 지금, 문제 풀이 위주 공부에서 벗어나 영어 실력을 키울 수 있는 방법은 무엇일까요?

▷ 04-1 학원·내신·숙제와 병행하는 나만의 방법

중학교 영어 시험 중심에서 실전으로

 중학교에 올라오면 영어는 더 이상 단순한 과목이 아니라 성적과 직결된 시험 과목이 됩니다. 특히 중학교 2학년이 되면 내신 경쟁이 본격화되면서 많은 학생이 영어를 '재미없는 암기 과목'으로 받아들이기 시작합니다. 자유 학년제를 경험한 중1 학생들이 중2로 올라가면서 본격적으로 내신 시험을 준비하게 되면 영어는 단순히 언어가 아니라 성적과 직결되는 과목으로 자리 잡습니다. 문제는 이 시점에서 기존에 영어를 좋아하던 학생들조차 스트레스 때문에 영어를 '싫어하는 과목'으로 느끼게 된다는 것입니다.

시험 중심 학습의 악순환

중학교 영어는 내신 대비에 초점이 맞춰 있어서 주로 문제 풀이와 문법 암기에 치우칩니다. 이런 학습 방식은 단기적으로는 내신 성적 향상에 도움을 줄 수 있지만, 장기적으로는 영어를 언어로 받아들이는 감각을 잃게 만듭니다. 이 학습의 문제점은 다음과 같습니다.

- 하루 종일 문제집을 풀어도 성적이 잘 오르지 않거나 시험이 끝나면 배운 내용을 잊어버리는 경우가 많습니다.
- 시험 범위 밖의 영어는 접할 여유가 없으므로 실제 영어 실력은 늘지 않고 오히려 영어를 회피하게 됩니다.

여러 과목을 공부하는 중학생의 현실

중학생들은 영어뿐 아니라 수학·과학·역사·국어 등 여러 과목의 내신과 수행평가를 동시에 준비해야 합니다. 영어에만 몰입하기엔 현실적으로 어려울 수 있죠. 그렇다고 영어를 등한시하기엔 영어가 여러 시험과 진로에 미치는 영향이 크다는 사실도 잘 압니다. 그렇다면 어떻게 '실전 영어 감각'을 유지하면서 내신 공부도 병행할 수 있을까요? 일단 재미를 먼저 찾아야 합니다.

짧은 시도로 재미를 느껴라

모든 시간을 문제 풀이에만 투자할 필요는 없습니다. 하루 5~10분이라도 짬을 내서 영어를 '재미있게' 접해 보세요. 이 작은 변화가 영어에 대한 거부감을 줄이고 오히려 흥미를 느끼게 만드는 계기가 될 수 있습니다.

① 팟캐스트 듣기
- 'Six Minutes', 'The Arthur Podcast'와 같은 10분 이내의 짧고 흥미로운 팟캐스트를 들어 보세요.
- 처음엔 5분만 자막 없이 듣고 나중에 대본이나 자막을 찾아 확인해 보세요.

② 해외 유튜브 채널 구독
- 스포츠, 게임 리뷰, 음악 등 관심 있는 주제를 다루는 해외 채널을 찾아보세요.
- 하루 5~10분이라도 자막 없이 시청하며 귀를 열어 보세요.

③ 해외 커뮤니티 둘러보기
- 디스코드, 레딧(Reddit)과 같은 해외 커뮤니티에서 관심 있는 토픽을

찾아보세요.
- 댓글을 읽고 짧게 "Nice!", "Cool idea!"와 같은 표현을 남겨 보는 것부터 시작하세요.

이 방법들은 제가 했던 방법들이 축소된 형태입니다. 제가 5~10분을 강조하는 이유는 처음부터 저와 같이 하루 5시간씩 영어에 투자할 수 없는 사람이 대부분이기 때문입니다. 기존 공부 습관을 한 번에 바꿀 수도 없고 무작정 많은 시간을 투자한다고 실력이 느는 것도 아닙니다. 핵심은 '지속성'입니다.

저 역시 2024년에 중졸, 고졸 검정고시를 준비하며 하루 30분도 영어를 할 시간이 없던 날이 많았습니다. 하지만 짧은 시간이라도 꾸준히 영어에 노출되도록 노력했어요. 밥을 먹으면서 유튜브를 틀어놓거나, 버스에서 짧은 팟캐스트를 듣거나, 쉬는 시간에 해외 커뮤니티 댓글을 읽으면서 영어를 접했죠. 이렇게 자투리 시간을 활용한 학습이 쌓여 결국 실력으로 돌아왔습니다.

학원 공부와 병행하는 경우에는?

영어 학원을 다니면서 내신 대비를 해야 하는 학생에게 '모든 걸 한꺼번에 바꿔라."와 같은 조언은 비현실적일 수 있습니다. 하지만 학원을 다닌다고 해서 실전 영어 감각을 잃게 되는 것은 아닙니다. 오히려 내신 공부를 하면서도 실전적인 접근법을 병행하면 시험 성적뿐만 아니라 실용 영어 실력도 함께 키울 수 있습니다.

짧게 실전 영어 감각을 늘리는 방법	실천 예시
학원 숙제 + 실전 영어 병행	숙제 표현을 실제 영상·토크쇼에서 찾아 듣기 - "That sounds good!" 등
자투리 시간 10분 활용	등·하굣길에 팟캐스트·유튜브 무자막 5분 시청
해외 커뮤니티 참여	디스코드, 레딧의 댓글로 "Nice!", "Cool idea!" 등을 남기기

▎실전 영어 감각을 늘리는 방법 ▎

① **학원 숙제 + 실전 영어 병행**

학원 숙제를 할 때 답만 맞추는 데 집중하지 말고 이 표현이 실제 대화에서 어떻게 쓰이는지 고민해 보세요.

예 "It depends."라는 표현이 숙제에서 나왔다면 실제 원어민들이 어떤 맥락에서 자주 쓰는지 검색해 보는 것도 좋은 방법입니다.

예 "I think."라는 표현이 나왔다면 "In my opinion."과 어떤 차이가 있는지, 어떤 상황에서 좀 더 자연스러운지 찾아보세요.

학원 숙제가 끝난 후 짧은 영어 팟캐스트나 유튜브 영상을 시청하면서 숙제에서 배운 표현을 들어 보세요.

예 오늘 숙제에서 배운 문장이 "That sounds good!"이라면 미국 토크쇼나 인터뷰에서 실제로 이 표현이 쓰이는 장면을 찾아보는 것도 좋은 연습이 됩니다.

② **자투리 시간 적극 활용(10분 단위 활용법)**

학원 수업과 숙제로 시간이 부족하더라도 자투리 시간을 잘 활용하면 실전 감각을 유지할 수 있습니다.

• 등·하굣길과 이동 시간 활용

버스나 지하철에서 짧은 영어 팟캐스트(6~10분)를 들어 보세요.

예 Six Minutes, TED-Ed, The Arthur Podcast 등

- 학원 수업 전후 활용

  수업 전에 오늘 배울 내용과 관련된 표현을 영어 사전 앱이나 구글에서 검색해서 찾아보고 수업 후에는 배운 표현을 실전 영어 자료(유튜브, 영화, SNS)에서 찾아보는 습관을 들이면 좋습니다.

③ **학원 선생님과의 소통 - 질문을 적극적으로 활용하기**

영어 학원을 다니면서도 실전 영어 감각을 키우려면 학원 수업을 단순한 암기 시간이 아니라 적극적인 탐색 시간으로 만들어야 합니다.

학원 선생님께 "이 표현은 실제 대화에서 어떻게 쓰이나요?"라고 질문해 보세요.

예 "문법책에서는 'I shall'이라고 배웠는데 실제로 원어민들이 많이 쓰나요?"

예 "시험에서 'I agree.'라고 쓰면 되지만, 실제 원어민들은 'Tell me about it.'과 같은 표현을 많이 쓴다던데 이런 차이는 뭔가요?"

학원에서 배우는 표현이 실제로 영화나 유튜브에 자주 등장하는지 찾아보고 수업 시간에 질문을 던지는 것도 좋은 방법입니다.

이렇게 적용해 보세요!

- 학원 숙제를 하면서 '이 표현이 실제로 어떻게 쓰일까?'를 고민해 보기
- 이동 시간을 활용해 팟캐스트 5~10분 듣기
- 점심시간에 뉴스 한 단락 읽기
- 학원 선생님께 "이 표현 원어민들이 자주 써요?"라는 질문해 보기

흥미가 커지면 시간을 늘려라

처음엔 하루 5분으로 시작했더라도 점차 흥미가 생기면 시간을 조금씩 늘려 보세요. 예를 들어 팟캐스트 듣기를 하루 10분으로 늘리거나 좀 더 익숙해지면 유튜브 영상을 두 편 연속으로 보는 식으로 말이죠. 이렇게 조금씩 늘려 나가면 어느새 영어가 생활 속에서 자연스럽게 자리 잡게 됩니다. 저 역시 결국 영어를 '언어'로 받아들이고 직접 써 보면서 실력이 가장 빠르게 늘었습니다. 지금이라도 늦지 않았습니다. 영어를 재미있게 접할 수 있는 작은 시도를 지금 당장 시작해 보세요.

▶ 04-2 중2 때 처음 본 토익 965점의 비결 공개

중학생에겐 생소한 토익, 어떤 시험일까?

토익은 중학생들에게 낯선 시험일 수 있습니다. 토익은 대부분 대학생이나 취업을 준비 중인 분들이 보는 시험이기 때문입니다. 수능과 마찬가지로 듣기인 L/C와 독해 시험인 R/C로 구성되어 있고, 총 990점 만점인 시험입니다.

중학생이 토익의 '토' 자도 모르는데 965점을 받을 수 있었던 이유

저는 중학교 2학년 여름방학에 우연히 토익 시험을 보게 됐습니다. 사실 저는 토익이 어떤 시험인지도 몰랐고 토익 문제집이나 인강을 본 적도 없었습니다. 단순히 영어 실력이 어느 정도인지 궁금해서 응시한 시험이었죠. 그런데 결과는 첫 시험에서 965점!

부모님도 처음에는 이 점수가 얼마나 높은 성적인지 몰랐습니다. 나중에 검색해 보니 대학생이나 직장인도 몇 달 동안 공부해야 받을 수 있는 점수라는 걸 알게 됐습니다. 저는 어떻게 아무 준비도 없이 이 점수를 받을 수 있었을까요?

저는 토익을 목표로 공부한 것이 아니라 그동안 영어를 실제로 써 왔기 때문입니다. 영어를 단순한 '시험 과목'이 아니라 생활 속에서 쓰는 소통의 도구로 익혀 왔기 때문에 가능했던 것입니다.

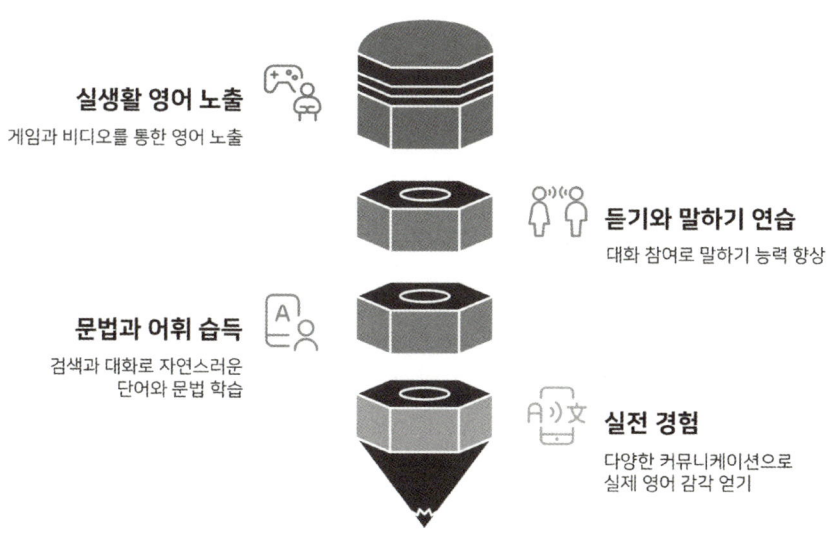

▎실전 영어를 완성하기 위한 순서 ▎

실전 영어가 만든 탄탄한 기초

저는 초등학교 5학년 때부터 영어를 '공부'가 아니라 '사용'하면서 익혔습니다. 해외 게임 커뮤니티에서 외국 친구들과 음성 채팅으로 소통하고 유튜브 영상의 댓글에서 실제 영어로 대화하면서 자연스럽게 실력을 키웠죠. 영어는 저에게 단순한 '시험 과목'이 아니었습니다. 이것이 바로 아무 준비 없이도 국내파인 제가 첫 토익 965점을 받을 수 있었던 이유입니다.

① 듣기와 말하기의 반복 노출
- 게임 음성 채팅에서는 빠르게 말하는 외국 친구들의 대화를 따라가야만 했습니다. 처음에는 거의 알아듣지 못했지만, 매일 몇 시간씩 들으면서 점차 익숙해졌습니다.
- 짧은 문장부터 시작해 점차 긴 문장으로 대답하며 자연스럽게 말하기 실력을 키웠습니다.

② 문법과 단어를 자연스럽게 체득
- 모르는 표현이 나오면 바로 구글 검색을 통해 뜻과 사용법을 확인했습니다.
- 이렇게 배운 표현들을 바로 대화에 적용하면서 문법과 단어를 자연스럽게 익혔습니다.

③ 실전 감각의 축적
- 해외 커뮤니티에서 다양한 사람과 대화하며 여러 억양과 표현에 익숙해졌습니다.
- 교과서나 문제집에서는 접할 수 없는 현실적인 표현을 배우면서 실전 감각을 쌓았습니다.

문법책 대신 실전 경험

많은 사람이 영어 시험을 준비할 때 문법책과 단어장을 필수라고 생각합니다. 하지만 저는 그렇게 생각하지 않았습니다. 그 대신 필요할 때만 문법 규칙을 확인하고 바로 실전에 적용하는 방식을 택했습니다. 이 방식은 실제로 훨씬 효과적입니다. 그 이유는 다음과 같습니다.

① 필요할 때 검색

- 게임 채팅에서 'He don't know.'를 보고 '왜 doesn't가 아니라 don't?' 인지 궁금 → 검색으로 확인

② 사용하면서 익히기

- 외우는 대신 실제 대화·글쓰기 중 틀리면 그때 익힘
- 이 방식이 자연스럽고 오래 기억에 남음

실전 영어가 주는 힘

제가 토익에 대해 아무것도 모르던 상태로 첫 시험에서 965점을 받을 수 있었던 비결은 영어를 '시험 과목'으로만 생각하지 않았다는 것입니다. 실제 생활에서 즐기다 보니 시험 문제도 어렵지 않았습니다. 대부분의 사람들은 시험을 보기 위해 토익 공부를 합니다. 하지만 저는 일상생활에서 영어를 쓰다가 영어 실력을 확인해 보고자 시험을 봤을 뿐입니다. 이 방법의 장점은 다음과 같습니다.

① 시험 대비 없이도 고득점 가능
평소 생활 영어 실력이 탄탄하면 시험 문제가 의외로 쉽게 느껴집니다.

② 긴장감 적음
실제 원어민들과 계속 대화해 왔기 때문에 시험장에서 긴장할 이유가 없습니다.

③ 자신감
'영어로 소통 가능'이라는 자신감이 생기면 어떤 영어 시험도 두렵지 않게 됩니다.

영어를 공부로만 접근하지 않고 일상생활 속에서 자연스럽게 익히면 시험 성적은 따라오게 돼 있습니다. 제가 했던 방법과 지금 설명드리고 있는 방법들을 운동으로 치면 매일 책으로 복싱 이론을 공부하는 것보다 직접 스파링해 보는 게 훨씬 실력이 빨리 느는 것과 같습니다. 영어도 실제로 써 보면서 배워야 몸에 익습니다. 가장 중요한 것은 영어를 언어로 받아들이고, 즐기고, 사용하는 태도입니다.

04-3   단어와 문법 공부도 실제로 써먹어야 의미가 있다

단어와 문법만으로는 영어가 완성되지 않는다

중학교에 올라오면서 영어를 처음 시작하거나 그동안 영어를 멀리했던 친구들은 이런 질문을 자주 합니다.

"단어랑 문법을 하지 않으면 영어를 잘할 수 있을까?"
"결국 시험은 단어랑 문법 아닌가?"

이 질문은 아주 현실적입니다. 학교 영어는 여전히 단어·문법 중심으로 진행되고 시험도 이를 평가합니다. 그러나 이 책에서 강조하고 싶은 점은 단어·문법이 영어 학습의 전부는 아니라는 것입니다. 이는 영어를 '실제로 사용할 수 있는' 능력을 기르는 데 필요한 도구일 뿐, 핵심은 여전히 '사용'과 '노출'이라는 것입니다.

단어와 문법은 영어의 '뼈대'이지만 핵심은 아니다

단어와 문법은 영어를 배우는 과정에서 필수적인 요소입니다. 단어는 문장을 구성하는 기본 재료이고 문법은 그 재료를 조합하는 규칙이기 때문입니다. 하지만 이 두 가지를 어떻게 배우느냐에 따라 영어 학습의 결과는 크게 달라질 수 있습니다. 많은 학생이 단어장을 달달 외우거나 문법책을 처음부터 끝까지 공부하려고 합니다. 그러나 이런 방식은 단기적으로 시험 점수를 올리는 데 효과적일 수 있지만, 장기적으로 영어를 언어로 받아들이는 데는 한계가 있습니다. 단어와 문법은 영어 학습의 '도구'일 뿐, 그 자체가 목표가 되어서는 안 됩니다.

단어와 문법, 이렇게 익히면 오래 간다

실제 학교 영어 시험들은 의외로 문법을 몰라도 단어만 많이 알면 높은 점수를 얻는 경우가 많습니다. 그렇다면 단어는 어떤 식으로 기억하는 게 효율적일까요? 일단 제 경우에는 필요할 때 검색하고 어떤 식으로 쓰이는지 문장을 학습한 후 해당 문장을 나중에 써먹을 생각을 합니다. 그리고 배운 표현을 바로 외국 친구들에게 써먹습니다. 즉, 저는 '외워야지.'가 아니라 '써먹어야지.'라는 방식을 사용합니다.

① **필요할 때 검색하고 바로 사용하기**
- 모르 단어나 표현이 나오면 그 자리에서 검색하세요. 구글 번역기나 영영 사전을 활용해 뜻과 예문을 확인한 후 바로 대화나 글쓰기에 적용해 보세요.

  예 'What does 'overwhelmed' mean?'→검색 후 'I feel overwhelmed by homework.'라고 직접 써 보기

② **문맥 속에서 배우기**
- 단어와 문법은 문제집이나 강의로만 배우기보다 실제 대화나 콘텐츠 속에서 익히는 것이 좀 더 효과적입니다.

  예 유튜브 영상에서 자주 나오는 표현이나 댓글 속 줄임말을 익히며 자연스럽게 학습

③ **반복 노출로 체화하기**
- 한 번 배운 단어나 문법은 시간이 지나면 잊게 마련입니다. 하지만 반복해서 노출되면 점점 더 익숙해지고 자연스럽게 기억됩니다.

  예 'flank'라는 단어를 게임 속에서 여러 번 듣고 말하다 보면 어느 순간 별다른 노력 없이 기억에 남게 됩니다.

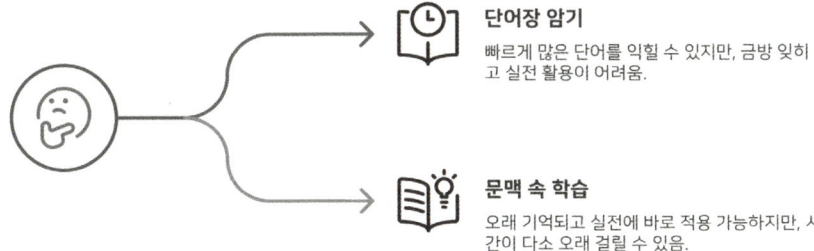

▌어떤 언어 학습 방법을 선택할 것인가? ▌

시험 대비와 실전 영어의 균형

　시험에 대비하기 위해서는 어느 정도의 단어 암기와 문법 학습이 필요합니다. 하지만 모든 시간을 문제집에만 투자하는 것은 오히려 역효과를 낳을 수 있습니다. 시험 성적도 중요하지만, 장기적으로 영어를 잘하려면 실전 영어 감각을 키우는 것이 필수입니다.

① 시험용 단어·문법 공부 시간 제한하기

- 하루 30분~1시간 정도만 시험 대비용 공부(단어장 암기, 문제 풀이 등)에 투자하세요.
- 나머지 시간은 팟캐스트 듣기나 해외 커뮤니티 참여 등 실전 영어에 투자하세요.

② 실전 영어가 시험에도 도움이 된다

- 실전 영어에서 배운 표현들은 시험 지문에서도 그대로 등장할 가능성이 높습니다.

  예 해외 커뮤니티에서 자주 본 표현이 독해 지문에 나오면 훨씬 쉽게 이해할 수 있습니다.

필자의 경험: 실전 영어로 시험 성적까지 잡다

제가 영어를 이렇게 잘할 수 있게 된 이유는 실전 영어 경험 덕분이었습니다. 저는 게임 커뮤니티와 유튜브 영상 등을 통해 매일 몇 시간씩 영어에 노출됐고 이 과정에서 자연스럽게 단어와 문법을 익혔습니다.

예를 들어
- 듣기 시험에서는 유튜브 영상 덕분에 다양한 억양과 빠른 속도의 대화에도 익숙해져 있었기 때문에 전혀 당황하지 않았습니다.
- 독해 문제에서는 해외 커뮤니티에서 읽었던 글 덕분에 긴 지문도 빠르게 읽고 이해할 수 있었습니다.
- 문법 문제에서는 게임 채팅이나 댓글에서 자주 본 표현들이 떠올라 큰 어려움 없이 풀 수 있었습니다.

결국 저는 별다른 준비 없이도 대부분의 영어 시험에서 만점이나 고득점을 받을 수 있었습니다. 이는 제가 평소에 쌓아온 실전 영어 감각 덕분이라고 확신합니다.

실수는 '성장의 신호등'

제가 실전 영어를 통해 시험 성적까지 잡았다고 이야기하고 외국인과의 실전 영어의 중요성을 강조하면 제 주변 사람과 많은 친구는 "그래도 틀릴까 봐 무서워서 말을 못 하겠다."라고 이야기하곤 합니다. 틀릴 것을 두려워해 말을 시도조차 안 해 보는 것이죠. 하지만 꼭 기억해 주세요. 언어를 배울 때의 실수는 '실패'가 아니라 지금 내가 '성장하고 있다.'라는 신호라는 사실을요.

자전거를 처음 배울 때를 떠올려 볼까요? 넘어지지 않고 한 번에 성공하는 사람은 거의 없습니다. 몇 번 넘어지고 무릎이 까지는 과정을 겪으면서 비로소 균형을 잡게 되죠.

영어는 자전거를 처음 타는 것과 똑같습니다. 우리가 자전거를 타는 법을 배우면서 넘어졌던 것처럼 영어도 어색한 문장을 말해 보고, 단어를 잘못 사용해 보고, 상대방이 내 말을 이해하지 못하는 경험을 해 봐야 '아, 이럴 땐 이렇게 말해야 하는군.' 하고 자동으로 깨닫게 됩니다.

오히려 아무런 실수도 하지 않는다는 건 어떻게 보면 그만큼 영어를 사용하려는 시도 자체를 하지 않고 있다는 의미일 수 있습니다. 원어민들도 대화할 때 문법적으로 사소한 실수를 하거나 말을 더듬는 경우가 많습니다. 중요한 것은 완벽함이 아니라 어떻게든 소통하려는 용기입니다.

핵심요약

- 중학생 시기, 학원·내신에 치이기 쉬워도 실전 영어를 조금씩 접하면 오히려 시험 대비에 강해집니다.
- 단어·문법은 '실전→확인·암기' 순서로 접근하면 훨씬 오래 기억에 남고 활용도도 높아집니다.
- 실전에서 부딪히고 시행착오를 겪어야 영어가 내 것이 됩니다.

처음부터 영어 실력이 완벽할 수는 없습니다. 하지만 이 시기에 영어를 '문제 풀이'가 아닌 '사용하는 언어'로 접근하면 토익이든, 내신이든 큰 부담 없이 소화할 수 있게 됩니다. '생활 속 실전 영어'가 실전 영어 기초 체력을 키워 준다는 사실을 강조하고 싶습니다. 또한 너무 긴 콘텐츠를 한꺼번에 하려 하지 말고 매일 5분이든, 10분이든 짧고 꾸준하게 하면 좀 더 효과적일 수 있습니다.

직접 해 보기 4장 실천 미션!

① 하루 10분, 내 관심사로 영어 기사 읽어 보기

　　하루 10분만 영어로 된 짧은 기사를 읽어 보세요. 무작정 어려운 내용을 읽기보다 여러분의 관심사와 관련된 쉬운 영어 기사부터 시작하는 것이 좋습니다.

중학생에게 적합한 기사 사이트 추천
- Time for Kids(초·중학생 대상의 쉬운 영어 기사)
  https://www.timeforkids.com
- Newsela(학생 수준별로 맞춤 영어 기사를 제공하는 웹 사이트)
  https://newsela.com
- CNN 10(어느 정도 수준이 된다면? 10분 분량의 학생 친화적 뉴스)
  https://edition.cnn.com/cnn10

　　읽은 후 기사에서 알게 된 재미있는 표현이나 기억하고 싶은 단어를 간단히 기록해 보세요.

② 유튜브에서 하루 10분 영어 영상 보기

　　유튜브로 하루에 딱 10분씩 영어 콘텐츠를 보는 습관을 만들어 보세요. 중학생을 위한 추천 유튜브 채널은 다음과 같습니다.

중학생을 위한 추천 유튜브 채널

과학이나 동물을 좋아한다면?	• 'National Geographic Kids'(흥미로운 과학, 동물 영상) • 수준에 따라 Kids를 뺀 'National Geographic' 채널을 봐도 됩니다.

스포츠를 좋아한다면?	'NBA Highlights', 'MLB'(농구, 야구 하이라이트 영상)
게임을 좋아한다면?	'FGTeeV'(로블록스, 마인크래프트 게임 영상), 'IGN'(게임 뉴스, 리뷰 영상)
팝 음악이나 연예인에 관심 있다면?	'Billboard'(최신 팝 음악 뉴스, 인터뷰 영상)

③ 해외 유튜브 영상에 간단한 영어 댓글 남기기

자주 보는 해외 유튜브 채널에 영어로 간단한 댓글을 남겨 보세요. 쉬운 영어로 간단하게 감상을 표현해 보는 습관을 들이면 영어에 자신감이 생깁니다.

| 사용 가능한 간단 댓글 예시 |

"Great video! Thanks!"(영상 멋졌어요! 고마워요!)
"I learned a lot!"(많이 배웠어요!)
"This was awesome!"(정말 최고였어요!)
"Can't wait for the next one!"(다음 영상 기다릴게요!)

④ 새로 배운 표현, 친구들과 영어로 단체 채팅하기

학교 친구들이나 친한 친구들과 간단한 영어 채팅방을 만들어 보세요. 매일 학교에서 배운 영어 표현을 직접 친구들과 사용해 보면 금방 자기 표현력이 늘어납니다. 영어는 자꾸 써야 실력이 향상된다는 걸 기억하세요.

| 간단히 사용할 수 있는 채팅 표현 예시 |

"Hey, what's up?"(안녕, 뭐하고 있어?)
"Did you do the homework?"(숙제했어?)
"I'm watching youtube!"(유튜브 보고 있어!)
"See you tomorrow!"(내일 보자!)

⑤ **이동 시간에 영어 팟캐스트 듣기(하루 5~10분)**

등·하교 시간 등 이동 시간에는 영어 듣기를 하면서 자연스럽게 영어에 익숙해져 보세요. 처음부터 어려운 내용을 듣지 말고 짧고 쉽고 재미있는 팟캐스트로 시작하는 것이 좋아요.

| 중학생을 위한 쉬운 영어 팟캐스트 추천 |

'CNN 10'(학생 대상의 쉬운 영어 뉴스, 10분 이내)
https://edition.cnn.com/cnn10

'Easy English'(매우 쉬운 일상 표현 중심의 짧은 영어 팟캐스트)
https://www.youtube.com/@EasyEnglishVideos

'6 Minute English(BBC Learning English)'(쉽고 유익한 주제의 6분 영어 팟캐스트)
https://www.bbc.co.uk/learningenglish

⑥ **내 취미를 영어로 배우기**

평소 즐기는 취미 활동을 영어로 된 자료를 통해 배워 보는 건 어떨까요? 좋아하는 분야이기 때문에 지루하지 않고 전문적인 용어나 실용적인 표현을 자연스럽게 익힐 수 있습니다.

| 취미별 영어 학습 예시 |

요리	유튜브에서 'Gordon Ramsay'나 'Nick DiGiovanni' 채널의 영어 레시피 영상을 보고 아주 간단한 것들만 따라 해 보세요. "Whisk until smooth.(부드러워질 때까지 저어 주세요.)", "Preheat the oven.(오븐을 예열하세요.)"와 같은 표현을 금방 익힐 수 있습니다. 특히 'Nick DiGiovanni'의 쇼츠 영상들은 간단하면서도 매우 재미있고 레시피를 꼭 따라 하지 않더라도 영어 학습 측면에서 도움이 됩니다.
기타 연주	'JustinGuitar'와 같은 유튜브 채널에는 무료이면서도 체계적인 영어 강의가 많습니다. 코드를 잡는 법(How to hold a chord)이나 스트러밍 패턴(Strumming patterns)과 같은 용어를 배우게 됩니다.

그림 그리기	'Proko'와 같은 채널은 드로잉 기초부터 인물화까지 영어로 가르쳐 줍니다. 미술 실력과 함께 영어 실력도 늘릴 수 있죠. 참고로 이 채널은 디지털 아티스트가 꿈인 청소년분들에게 강력히 추천드립니다.
코딩	'freeCodeCamp'나 'The Net Ninja' 채널은 파이썬, 자바스크립트 등 다양한 프로그래밍 언어를 영어로 가르쳐 줍니다. 조금 어려운 편이지만, IT 분야에 관심이 있다면 최고의 학습법이 될 수 있습니다.

⑦ 같은 뉴스, 다른 시각: 영어 기사 vs. 한국어 기사 비교하기

좀 더 깊이 있는 영어를 경험하고 싶다면 같은 국제적 사건에 대해 다룬 영어 기사와 한국어 기사를 비교해서 읽어 보는 활동을 추천합니다. 이 활동은 단순한 영어 공부를 넘어 세상을 보는 시야를 넓혀 주고 비판적 사고력을 길러 주는 훌륭한 훈련이 됩니다.

교차하며 읽기, 이렇게 해 보세요!

주제 선정	전 세계적으로 이슈가 된 사건을 하나 고릅니다(예 최신 IT 기술 발표, 국제 영화제 수상 소식, 기후 변화 관련 회의 등).
기사 검색	• 한국어 기사: 네이버나 다음에서 관련 키워드로 검색해 기사를 한두 개 읽습니다. • 영어 기사: 구글에서 같은 주제를 영어로 검색해 BBC처럼 공신력 있는 언론사의 기사를 찾아 읽습니다.
내용 비교하기	• 헤드라인(Headline): 제목에서 어떤 단어를 사용해 사건을 강조하는지 비교해 보세요. • 핵심 어휘(Key Vocabulary): 사건을 설명하는 핵심 단어나 표현이 어떻게 다른지 살펴보세요. • 관점과 톤(Perspective & Tone): 기사가 사건을 긍정적으로 보는지, 부정적으로 보는지 또는 중립적으로 보는지 그 뉘앙스를 느껴 보세요.

CHAPTER · 5

고등학생: 시험용 영어 말고 '실전 영어' 하면 안 돼?

5장에서는 고등학교 시기에 초점을 맞춥니다. 내신과 수능 그리고 여건에 따라서는 어학특기자 전형, 심지어 해외 유학까지도 고려해야 하는 복잡한 현실 속에서 어떻게 하면 영어를 '시험 그 이상'으로 활용할 수 있을까요? 고등학생만의 상황을 좀 더 깊이 파고들어 보겠습니다.

▶ 05-1 수능 영어만으로 충분할까요?

고등학생, 시간도 부족한데 영어까지?

고등학교에 올라오면 중학교 때와 달리 상황이 훨씬 복잡해집니다. 고등학교 3년을 잘 준비해서 대학에 가야 하니까요. 국어, 수학, 한국사, 과학, 사회 등 전 과목 내신과 수행평가, 동아리·봉사·학생회 등 비교과 활동까지 챙기려면 지치기도 하고 시간도 많이 모자랍니다. 이런 상황에서 영어에만 하루 몇 시간씩 투자하는 것은 불가능에 가깝습니다.

필자의 경험

저는 중학교 2학년 때 학교를 떠났기 때문에 고등학교를 다니진 않았지만, 조기 진학을 준비해 왔기 때문에 어느 정도 고등학생들의 생활을 잘 알고 있습니다. 더욱이 고3 학력 모의 평가 영어 문제가 나올 때마다 저도 풀어 봤는데요. 학평(학력 모의 평가) 영어는 비교적 쉬운 편입니다. 저처럼 영어 기초 체력을 어느 정도 갖추고 있다면 특별한 시험 준비 없이도 만점에 가깝게 받을 수 있지만, 수능 영어는 조금 다릅니다.

실제 수능 영어는 문장 자체보다 국어적 논리를 요구하는 까다로운 유형이 많습니다. 그러다 보니 고등학생이 영어를 오직 '수능용'으로만 공부하면 실제 사용하는 영어를 배운다기보다 단어·문법 암기와 문제 풀이에 매몰되기 쉽습니다. 하지만 대학 이후까지 고려한다면 '언어로서의 영어 감각'을 조금씩이라도 유지해 두는 편이 훨씬 유리합니다. 저는 늘 영어를 '시험'이 아닌 '도구'라고 여겼고 그 태도가 다른 유형(스피킹, 라이팅)의 어학 시험 점수까지도 긍정적으로 이끌었습니다.

수능 영어만 하면 충분할까? 현실과의 괴리

이미 1~4장에서 '시험용 영어가 실전 영어와 다르다.'라는 걸 누누이 강조했지만, 고등학생의 입장에서는 '굳이 실전 영어를 알아야 해? 수능 영어만 해도 충분하잖아?'라고 생각할 수 있습니다.

① 수능 영어의 현실

- 문제 꼬기

영어 원어민인 방송인 '타일러'조차 "한국 수능 영어는 차라리 수학 같다."라고 말할 정도로 문제를 꼬아 출제하는 유형이 많고 국어적 독해를 요구합니다.

• **대학 원서·논문이라는 명분?**

입시 전문가들은 "수능 영어는 대학에서 원서를 읽고 논문을 쓰기 위한 것"이라고 말하곤 합니다. 하지만 막상 대학생이 되면 원서나 논문을 제대로 읽지 못하고 원서는 번역본으로 보는 대학생이 더 많고 논문을 영어로 제대로 쓸 수 있는 학생들도 별로 없으며 취업을 위해 다시 토익을 준비하는 경우가 흔하죠.

• **시험용 영어 vs. 실전 영어**

수능에는 말하기·쓰기가 없습니다. 교과서적 표현이 주를 이루기 때문에 해외 드라마나 커뮤니티에서 쓰이는 실전 영어와는 거리가 멉니다. 그래서 영어를 수능 영어만으로 공부했던 친구들은 외국인과 대화를 거의 할 수 없습니다. 수능 영어 만점이어도 외국인 앞에 서면 말 한마디 못하는 경우가 많죠.

더욱이 고등학생은 시간도 부족해서 '영어를 재미있게 써 본다.'라는 것 자체가 어려울 수 있습니다. 하지만 조금씩이라도 실전 영어를 병행해 두면 대학교나 취업 이후 '영어를 다시 시작해야 하나?' 하는 부담이 크게 줄어듭니다.

고등학생 영어 수준별 전략(탄탄한 학생 vs. 특기자 vs. 부족한 학생)

중학교에서 영어 실력을 어느 정도 잘 쌓아놓고 올라오는 학생이 있는가 하면 여전히 영어 실력이 부족한 상태에서 고등학교에 진학하는 학생도 많죠. 또한 영어를 너무 잘해서 해외 진학이나 저처럼 어학 특기자 수시 전형을 노리는 친구도 있습니다.

① 이미 영어가 탄탄한 학생

내신·수능 영어에 큰 걱정이 없을 만큼 실력이 안정됐다면 다른 과목에 집중하거나 고급 영어(원서 독해·토론 등)를 시도할 수 있습니다.

② 영어가 상대적으로 특출난 어학 특기자 전형을 고려하는 학생

토익·토플 등 공인 점수 고득점이 필요하거나 심층 면접에서 고난도 영어 회화와 논리적 답변을 요구하는 전형을 준비하게 됩니다. 연세대, 국민대, 이화여대, 부산외대 등 토익 점수나 영어 면접이 중요한 학교도 있고 해외 유학도 이 부류에 해당할 수 있습니다.

③ 영어가 부족한 학생

중학교 때 놓친 기초가 고등 교과 과정에서 발목을 잡는 경우입니다. 이럴수록 하루 5~10분이라도 단어·듣기·기본 표현을 자연스럽게 익히면서 흥미를 되살려야 합니다.

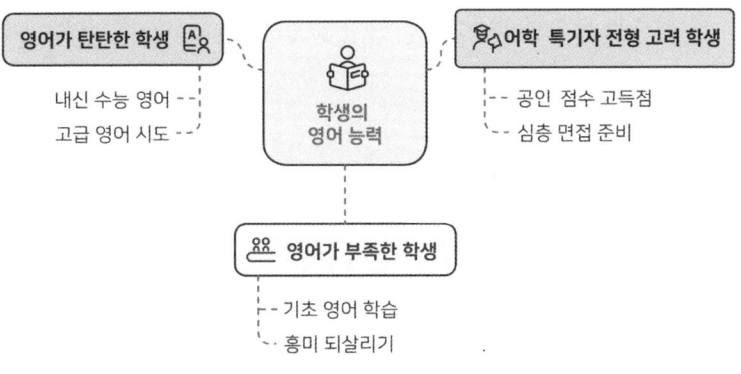

∥ 학생의 영어 능력에 따른 학습 전략 ∥

어떤 부류이든 '수능 영어만' 해서 모두 해결되는 건 아닙니다. 1~4장에서 다룬 '생활 속 실전 노출' 방식을 고등학생 수준에 맞춰 조금씩이라도 적용하면 대학·취업 이후까지 내다볼 수 있게 됩니다. 지금도 토익 커뮤니티의 많은 대학생과 취업 준비생을 보면 수능 영어 때와 다른 상황 때문에 너무 힘들어하고 있습니다. 토익 고득점을 위해 하루 8시간씩 도서관에서 계속 수업을 들으면서 공부하는데도 점수가 나오지 않는 학생들도 많습니다. 이런 악순환을 막기 위해서라도 영어를 받아들이는 방식은 조금 다르게 생각할 필요가 있습니다. 하루 5~10분 만이라도 실전 영어를 접하면 수능 이후에도 흔들리지 않는 영어 실력을 만들 수 있습니다.

▷ 05-2 영어가 어렵다면 일단 '듣기'부터 시작해요

단어와 문법: 고등학교 수준에서의 학습 전략

앞 절에서 고등학생 영어의 한계가 뚜렷하다고 했는데, 실력이 탄탄한 친구가 아니라면 특히 단어와 문법 때문에 고민이 많으실 겁니다. 1~4장에서 이미 '암기식 공부의 문제'를 언급했지만, 고등학교 수준에 맞춰 좀 더 구체적으로 살펴보겠습니다.

① 단어는 많이 외워야 하지만 '영어 단어 - 한글 뜻' 형식 만으로는 한계

수능 영어는 어휘력이 점수와 직결됩니다. 그런데 '영어 단어-한글 뜻' 형식으로만 달달 외운 단어들은 실제 독해 시 "어디서 본 단어인데 뜻이 정확히 뭘까?" 하고 망설이게 만들지요. 제가 제안해드리는 방법은 다음과 같습니다. 저 역시 사용하는 단어 기억 방식이며 이 방식은 어떤 어학 시험에도 적용할 수 있습니다.

- 반드시 실제 문장이나 예문과 함께 기억하는 습관을 들이는 것이 좋습니다.
  > 예 'Wrong way.' → 'He took a wrong turn.'이라는 예문을 함께 저장해 두면 '길을 잘못 들었다.'라는 문맥까지 연결돼 오래 기억할 수 있습니다.

② 듣기+다양한 지문 노출: '사용할 기회'를 만들어라

수능 영어에는 말하기·작문이 없습니다. 그렇다고 해서 '수능 영어만 해도 충분하다.'라고 생각하면 나중에 큰 낭패를 볼 수 있습니다. 대학에 가서 프레젠테이션이나 토론, 해외 자료 활용 등이 필요해지거든요. 다양한 유형의 듣기와 지문 노출은 실제 수능 문제 푸는 데도 많은 도움이 됩니다.

- **듣기:** 팟캐스트나 유튜브(뉴스·예능·인터뷰 등)에서 짧게라도 영어를 듣는 시간을 만들어 보세요. 지문을 소리 내어 읽는 '섀도잉(Shadowing)'도 효과적입니다.
- **다양한 지문:** 수능·내신 지문 외에 관심 분야(스포츠·영화·아이돌·게임) 관련 영어 기사나 커뮤니티 글도 자투리 시간에 읽어 보면 어휘·표현의 스펙트럼이 넓어집니다.

예를 들어 저는 'sustainable development'와 같은 표현을 환경 관련 유튜브 영상에서 접해 봤습니다. 이런 표현은 실제 수능 문제에서도 자주 나옵니다.

③ 재미 요소 곁들이기

　　영어가 부족한 친구일수록 영어라고 하면 '지루한 문제집'만 떠올리기 쉽습니다. 짧게라도 재미 요소를 영어로 접하면 훨씬 흥미가 붙습니다.

- 좋아하는 노래 가사를 찾아 부르기
- 영화 예고편(트레일러)을 자막 없이 1분만 봐도 영어 발음과 리듬에 익숙해질 수 있습니다.
- 해외 SNS(인스타·트위터 등)에서 좋아하는 스타의 계정 댓글로 간단히 참여

시험 준비 + 실전 영어 어떻게 병행?

　　고등학생이 내신·수능에 쫓기다 보면 모든 시간을 시험 문제집에만 사용하기 쉽습니다. 하지만 짧게라도 다른 방식의 영어 공부를 곁들이면 실제 시험에도 도움이 됩니다.

① 자투리 시간 활용
- 등·하교 시 팟캐스트(예 The Daily) 듣기, 점심시간에 해외 기사 한 문단 읽기
- 'The Daily Podcast'는 뉴욕타임스에서 제공하는 팟캐스트입니다. 대본도 제공되므로 영어 학습에 많은 도움이 됩니다.

② 시험 지문과 연결
- 내신·모의고사 지문에서 찾은 표현을 실제 해외 웹 사이트나 영상에서 검색해 보세요.
- 예를 들어 'renewable energy' 등장 시 BBC나 CNN 기사로 연관 검색

③ 흥미 있는 콘텐츠
- 공부만큼이나 좋아하는 분야(스포츠·영화·음악)의 영상을 자막 없이 보면서 스트레스 풀기 → 영어 감각 유지

▶ 05-3　어학 특기자 수시 전형을 생각한다면?

영어 실력 심화: 어학 특기자 전형 대비하기

앞에서 영어가 부족한 사례를 살펴봤다면 이제는 반대로 영어를 더 깊이 활용해야 하는 케이스입니다. 어학 특기자 수시 전형은 매년 변동이 크고 해외 진학도 마찬가지죠. 제 사례를 통해 살펴보겠습니다.

① 어학 특기자 전형, 계속 축소

저는 초기에 어학 특기자 수시 전형에 대해 토익 관련 커뮤니티를 통해 정보를 얻었습니다. 여기서 공통적으로 했던 이야기가 10년 전만 해도 토익 점수만으로도 서울에 있는 4년제 대학을 쉽게 갔다고 합니다. 하지만 사교육 유발·형평성 문제를 이유로 기존 방식의 어학 특기자 선발 방식은 완전히 사라졌다고 봐야 합니다.

2025년 현재 연세대, 이화여대, 국민대, 부산외대 정도가 어학 특기자 수시 전형이 남아 있지만, 이마저도 언제, 어떻게 바뀔지 모릅니다. 하지만 지금 언급한 이 대학들 중 4년간 영어로 수업하는 일부 대학들(연세대 언더우드, 국민대 KIBS 등)은 글로벌 인재 양성을 이유로 한동안 계속 유지할 것으로 보입니다. 이런 국내 대학의 국제 학부들은 영어를 매우 잘하는 인재들을 계속 선발하고 있고 학교의 방향 역시 글로벌 인재 육성

에 있습니다. 따라서 어학 특기자 전형을 고려하신다면 입시 전문 학원의 최신 정보나 각 대학 입학처 홈페이지 공고를 체크해야 합니다.

② **어떤 역량이 필요한가?**
- **토익·토플 점수:** 일부 대학은 토익 점수로 1차 걸러 내고 2차 영어 면접으로 최종 결정
  예 국민대 KIBS
- **영어 면접:** 원문 지문을 주고 질문하는 심층 면접. 단순 문법이 아니라 논리적 답변·회화력이 큰 비중
- **학생부 기록:** 영어 동아리 활동, 토론 대회, 영어 봉사 등도 종합 전형에 포함될 수 있음
  예 연세대 언더우드

③ **필자의 조언: '시험 + 실전 감각' 병행이 필수**

영어 면접이 있는 전형의 경우, 고등학생답지 않은 어휘력과 면접 스피킹 능력이 요구되므로 토익 점수 등이 높다고 해서 합격이 보장이 되는 건 아닙니다. 실제 영어 면접에서는 다양한 시사 주제를 바탕으로 자기 의견을 조리 있게 말해야 합니다. 이런 전형의 경우, 대부분은 해외에서 살다 왔거나 외고를 나온 학생들 중 일부가 지원하는 경우가 많습니다.

- 저처럼 실전 노출 방식을 사용한 경우, 어떤 형태의 영어 면접을 보더라도 영어로 논리적인 답변을 할 수 있습니다.
- 면접 대비를 위해 각 대학의 '선행 학습 영향 평가 보고서'를 찾아 과거 질문들을 분석해 보세요. 예상 질의 응답을 영어로 준비하고 부모님이나 친구와 연습해도 좋습니다.
- 연세대 언더우드 수시 전형을 희망하신다면 반드시 국내고는 학종,

이외에는 검정고시를 통하더라도 표준화 학력 점수가 있는 과정(국제 학교, 해외고)을 준비해야 합니다(2025년 기준).
- 표준화 학력 점수가 없는 검정고시 출신 지원자는 아무리 영어를 잘해도 연세대 언더우드 수시 전형 지원이 힘들다고 보시면 되겠습니다. (제 경우가 이랬습니다. 연세대 이상을 희망하는 경우에는 고등학교를 다녀야 합니다.)

Key Point 고등학교 영어 시험이 전부가 아니다

1장부터 차근차근 따라오셨다면 고등학생 시기가 아무리 바빠도 영어를 '시험 그 이상'으로 바라보는 게 중요하다는 사실을 알았을 것입니다. 지금까지의 내용을 정리하면 다음과 같습니다.

① 영어가 탄탄한 학생
내신·수능 대비에 큰 문제가 없는 만큼 영어를 삶의 도구로 확장해 보길 권합니다. 원서 읽기, 해외 커뮤니티 참여 등 다양한 활동을 통해 영어를 활용하세요.

② 어학 특기자를 노리는 학생
공인 점수와 심층 면접에서 요구되는 영어 스피킹 및 논리력이 중요합니다. 어렸을 때부터 실전 감각을 쌓아왔다면 큰 장점이 될 수 있습니다.

③ 영어가 부족한 학생
단순히 '영어 단어-한글 뜻' 형식으로 무작정 암기하는 것은 한계가 있습니다. 단어와 문법을 문맥 속에서 익히고 짧은 듣기·독해 연습과 재미 요소를 곁들여 '영어 = 재미'로 연결하면 실력이 빠르게 향상될 수 있습니다.

'수능 끝나면 영어 끝!'이라고 생각한다면 대학이나 취업 이후에 다시 처음부터 영어를 시작해야 할 수도 있습니다. 저는 늘 '시험 이상'을 꿈꾸라고 말합니다. 영어가 주는 기회는 수능 점수보다 훨씬 넓고 미래를 펼쳐 줄 도구입니다. 영어를 이용한 세계는 무궁무진합니다.

고등학생을 위한 참여 활동

① 모르는 단어 3개 '문맥' 암기

오늘 하루 수능·내신 지문에서 헷갈리는 단어 3개를 고르고 문장 예문과 함께 메모해 보세요. 팁을 드리면 5일간 하루에 세 단어를 문맥을 통해 익히고 주말에 그 단어를 다시 보는 형태로만 해도 1년이면 문맥을 통한 단어 익힘을 720단어나 문맥을 통해 외우게 됩니다. 3개 단어가 적다고 처음부터 10개, 100개 하는 분들은 나중에 절대 유지하지 못합니다. 영어는 꾸준한 사람이 결국 승리합니다.

② 재미있는 듣기 5분

팟캐스트나 유튜브에서 좋아하는 분야(스포츠·영화·음악)의 영상을 5분만 자막 없이 들어 보면 처음엔 잘 안 들리더라도 반복하면 점차 귀가 열립니다. 이때 주의해야 할 점은 무조건 본인이 좋아하는 것을 찾아야 한다는 것입니다. 언어 학습의 가장 중요한 요소 중 하나가 '흥미'입니다. 처음엔 5분으로 시작하지만, 나중에는 본인이 알아서 시간을 늘리게 되어 있습니다.

③ 영어 면접 대비 미리 체험

영어 면접을 준비하는 분들은 AI를 활용하는 것도 좋은 방법입니다. 해외 기사·블로그 한 단락을 읽고 궁금한 점이나 소감 등을 영어로 말해 보거나 챗GPT 등 AI에 기사를 입력하고 마지막에 한 줄을 넣으면 됩니다. 이를 활용해 롤플레이 면접을 시도해 보세요. ("Pretend you are a professor asking me questions about this article."- (당신이 이 기사에 대해 질문하는 교수라고 가정해 보세요.")

지금까지 고등학생 시기에 내신·수능과 생활 영어를 어떻게 병행해야 하고 어학 특기자 전형이나 영어가 부족한 상황에 각각 어떻게 대처하면 좋을지 살펴보았습니다. 하지만 수능 영어가 끝은 아닙니다. 대학생·성인이 되어서도 취업·진로 개발에 영어가 계속 등장하며 수능 영어만을 위해 공부하신 분들은 나중에 정말 힘들어질 수도 있습니다.

핵심 요약

- 고등학교에서는 내신·수능을 위해 '문제 풀이'가 강화되지만, 영어를 '즐겨서 쓰는' 습관을 유지하면 오히려 시험 대비도 훨씬 수월합니다.
- 단어·듣기는 실전 맥락 속에서 반복해 익혀야 오래 기억되고 리스닝이 강해질수록 독해 속도와 정확도도 자연스럽게 올라갑니다.
- 어학 특기자를 준비한다면 공인 시험 점수도 중요하지만, 평소 영어를 '진짜로 쓸 줄 아는 사람'이라는 걸 증명할 수 있는 '말하기 실전 연습'이 필수입니다.

결국 고등학생 시기에 영어를 단순히 수능·내신만을 위한 암기 과목으로 여길 것인지, 또 하나의 '의사 소통 도구'로 여길 것인지에 따라 학습 태도와 결과가 크게 달라집니다. 시간을 조금만 투자해 실제 영어를 접해 보면 시험 지문도 훨씬 빨리 이해되고 흥미도 높아질 거예요. 저 역시 이 방식으로 수능과 내신에서 좋은 성적을 거두면서도 '즐거운 영어'를 놓치지 않았습니다. 이 방식으로 하면 단순히 수능과 내신을 위한 영어가 아니라 대학 이후까지도 영어 실력을 계속 유지할 수 있습니다.

직접 해 보기 5장 실천 미션!

① 수능·내신 지문으로 '관심 주제' 확장하기

모의고사나 교과서 지문에서 흥미로운 주제가 나오면 해외 기사나 유튜브 영상 등으로 더 깊이 찾아보세요. 이렇게 하면 단순히 시험 지문으로 끝나는 게 아니라 실제 영어 환경에서 어휘력과 이해력이 확 늘어나게 됩니다.

구체적인 예시

- 지문에서 '우주 탐사'가 나왔다면
  TED에서 'space exploration'이나 'space elevator' 영상 찾아보기
- 지문에서 '환경 보호'가 나왔다면
  유튜브에서 'Zero Waste lifestyle' 영상 찾아보기

영상을 본 후엔 기억하고 싶은 단어나 표현을 간단히 기록하세요.

② 오늘 배운 단어 바로 'SNS에 써 보기'

새롭게 배운 단어 중 마음에 드는 단어 하나를 골라 SNS에 짧은 문장으로 올려 보세요. 처음엔 조금 오글거리거나 어색할 수도 있지만, 실제로 써 보면 기억에 강하게 남습니다.

SNS 활용 예시

- 단어 'mitigate(완화하다.)'를 배웠다면 SNS에 "We need to mitigate climate change." (우린 기후 변화를 완화해야 해요.)와 같은 문장을 써 보기
- 단어 'inspire(영감을 주다)'를 배웠다면 "My favorite teacher always inspires me."(내가 제일 좋아하는 선생님은 늘 나에게 영감을 준다.)와 같은 문장을 써 보기

③ AI(챗GPT)에게 대학 면접관 역할을 부여해 모의 면접 연습하기

대학 영어 면접은 미리 연습하지 않으면 당황할 수 있죠. 이제 AI를 활용해 실제 면

접과 똑같은 연습을 집에서 쉽게 해 볼 수 있습니다. 챗GPT를 사용할 때 반드시 다음 문장을 입력하여 AI가 대학 면접관 역할을 정확히 수행하도록 설정해 주세요.

정확한 AI 역할 설정 프롬프트 예시

"You are a university admissions interviewer conducting an English interview. Ask me realistic and challenging interview questions one by one, and provide feedback on my answers."
(당신은 대학 입학 면접관입니다. 현실적이고 난이도 있는 영어 면접 질문을 하나씩 해 주시고 제 답변에 피드백을 주세요.)

면접 연습 방법 예시

AI가 질문하면 실제 면접이라고 생각하고 진지하게 영어로 대답합니다. 답변을 마친 후 AI에게 다음과 같이 요청합니다.

"Please give me detailed feedback on my answer."
(제 답변에 대한 구체적인 피드백을 주세요.)

AI의 피드백을 바탕으로 부족한 점을 수정하고 다시 한번 대답해 보세요. 이렇게 연습하면 실제 영어 면접에서도 자신감 있게 답할 수 있습니다.

You are a university admissions interviewer conducting an English interview. Ask me realistic and challenging interview questions one by one, and provide feedback on my answers.

Got it! I'll act as a university admissions interviewer and challenge you with realistic questions. After each answer, I'll give you constructive feedback. Let's get started.

Question 1:
In today's rapidly changing world, some people believe that a university education is becoming less important compared to practical skills and work experience. What is your opinion on this perspective, and how would you justify your stance?

Take your time to think, and respond when you're ready.

I believe that university education and practical skills are actually complementary rather than competing priorities. While it's true that the job market increasingly values hands-on experience, I see university as providing a crucial foundation that enhances practical skills rather than existing separately from them.

Please give me detailed feedback on my answer.

Great response! Let's break down your answer and evaluate it in detail.

Strengths:

1. **Balanced Perspective:** You effectively addressed both aspects (university education and practical skills) by emphasizing their complementary nature. This shows a thoughtful and nuanced understanding of the topic.
2. **Clarity and Structure:** Your answer is clearly structured, making it easy to follow your line of reasoning. You started by acknowledging the opposing viewpoint before presenting your own stance.
3. **Sophisticated Language Use:** Phrases like "complementary rather than competing priorities" and "crucial foundation that enhances practical skills" demonstrate a strong command of English and an ability to articulate complex ideas succinctly.

Suggestions for Improvement:

1. **Provide Specific Examples:** Adding an example would make your point more convincing. For instance, you could mention a field like engineering, where theoretical knowledge from university is essential to applying practical skills in real-world projects.
2. **Address Counterarguments:** Briefly acknowledging why some might view practical skills as more important would make your stance even more balanced and thorough.
3. **Conclusion or Reflection:** A short closing remark reflecting on why you personally value both could leave a stronger impression.

Improved Version:

"I believe that university education and practical skills are actually complementary rather than competing priorities. While it's true that the job market increasingly values hands-on experience, I see university as providing a crucial foundation that enhances practical skills rather than existing separately from them. For example, in fields like engineering or medicine, theoretical knowledge gained at university is indispensable when applying practical techniques. Furthermore, university education fosters critical thinking and problem-solving abilities, which are essential for adapting to new challenges. Therefore, I believe that a balanced approach, combining academic knowledge with practical application, is the most effective way to prepare for today's dynamic job market."

이와 같이 답변한 후 마지막에 "Please give me detailed feedback on my answer."라고 말하면 제 답변에 대한 상세한 피드백을 받을 수 있습니다. 이처럼 AI만으로도 충분히 면접 연습이 가능합니다.

위는 실제로 제가 어학 특기자 전형을 준비하면서 사용했던 방법을 그대로 보여드린 것입니다. 여기에서 각 대학별 전형에 맞게 약간씩만 변형하면 다양하게 응용할 수 있습니다.

④ 등·하교 시간, 짧고 유익한 영어 콘텐츠 듣기(하루 10분)

영어 듣기는 고등학교에서도 매우 중요합니다. 등·하교 시간처럼 자투리 시간을 활용해 듣기 평가 시험용 영어가 아닌 다양한 영어 콘텐츠를 듣게 되면 듣기 능력이 많이 향상됩니다. 짧고 흥미로운 영어를 매일 꾸준히 들으면 듣기 실력이 빠르게 올라갑니다.

▎고등학생에게 적합한 추천 채널 ▎

- CNN 10(쉽고 명확한 영어 뉴스)
  https://edition.cnn.com/cnn10

- TED-Ed(다양하고 흥미로운 주제의 짧은 강연)
  https://www.youtube.com/@TEDEd

- BBC 6 Minute English(흥미로운 주제를 6분 이내로 제공)
  https://www.bbc.co.uk/learningenglish

CHAPTER · 6

대학생·성인:
시험용 영어만 하다가 놓친 것들

　수능이나 토익에서 점수를 잘 받았는데도 막상 해외여행을 가서 한 마디도 못 해 본 적 있으신가요? 대학생이 되어서야 과제·프레젠테이션 때 영어가 벽처럼 느껴지거나 직장에서 해외 클라이언트에게 메일 한 통 쓰기 힘들다고 호소하는 분들도 많습니다. 6장에서는 성인 학습자의 입장에서 '시험용 영어만 알았더니 말하기·쓰기가 막힌다.'라는 고민을 어떻게 해결할 수 있는지에 대해 알아보겠습니다.

▶ 06-1　수능 영어만 죽어라 했더니 말이 안 나오네

외국어? 아니, 그냥 '문제 풀이 과목'이 된 영어

　대학에 입학하면서 많은 학생이 공통적으로 느끼는 좌절감이 있습니다.
　"수능 영어를 그렇게 열심히 공부했는데 정작 외국인 앞에서는 말 한 마디도 못하겠어."
　수능 영어는 듣기와 독해를 중심으로 구성되어 있고 논리적 사고력을 요구하는 시험입니다. 하지만 이 시험은 언어의 본질적인 목적, 즉 소통을 전혀 다루지 않습니다. 결과적으로 수능에서 1등급을 받은 학생조차 외국인과 대화를 나누거나 영어로 이메일 한 통을 작성하는 데 큰 어려움을 겪곤 합니다. SNS에 중·고등학생 전문 영어 과외를 지도하는 어느 과외 쌤이 올린 에피소드 내용엔 다음과 같은 내용도 있었습니다.

"나는 수능 영어 1등급이고 현재 온라인 줌 수업으로 중·고등학생 영어 과외를 지도하고 있는 과외 쌤이야. 지문을 읽고 해석하고 하는 데는 문제가 없고 아이들에게 지도하는 데도 문제가 없어. 그런데 외국 여행을 가면 나 혼자 일방적이고 간단한 대화는 되는데 기본적으로 스피킹이 전혀 안 되서 문제가 생기거든. 스피킹을 잘하게 도와줄 수 있는 사람이 있을까?"

대학생과 취준생의 현실

많은 학생이 대학에 진학한 후 어쩔 수 없이 영어 공부를 다시 시작합니다. 이번에는 토익 점수를 위해서입니다. 어떤 사람은 졸업을 위해, 어떤 사람은 취업을 준비하는 과정에서 기업들이 요구하는 토익 점수에 맞추기 위해 하루 10시간씩 문제집을 푸는 경우도 흔합니다. 하지만 여기서 또 다른 문제가 발생합니다.

① 토익 점수는 높지만 회화가 안 되는 경우

토익 만점자라도 외국인과 대화를 하지 못하는 경우가 많은 이유는 듣기와 독해만 연습했을 뿐, 말하기와 쓰기를 해 본 적이 없기 때문입니다.

② 토익 스피킹, 오픽의 등장

최근 기업들은 토익 점수보다 말하기 시험인 토익 스피킹이나 오픽(OPIc) 점수를 더 중요하게 평가하기 시작했습니다. 하지만 대부분의 학생들은 말하기 준비를 해 본 적이 없어 당황합니다. 더욱이 템플릿을 외워 시험을 위한 공부를 하신 분들은 외국인과 대화하기 어렵습니다.

③ **어학 연수와 워킹 홀리데이**

　이런 문제를 해결하기 위해 많은 대학생이 어학 연수나 워킹 홀리데이에 도전합니다. 하지만 이 또한 시간과 비용이 많이 들기 때문에 현실적인 선택지는 아닙니다.

언어는 도구이다: 감정을 표현하고 소통하는 방법

　영어는 단순히 시험 점수를 위한 것이 아닙니다. 영어는 우리가 감정을 표현하고 다른 사람들과 소통하며 세상을 이해하는 데 사용하는 도구입니다. 이 도구의 핵심은 머리로 외우는 것이 아니라 몸으로 익히고 자연스럽게 사용하는 것입니다.

　저는 초등학교 5학년 때부터 영어를 실생활에서 사용하며 배웠습니다. 게임 커뮤니티에서 외국 친구들과 음성 채팅을 하며 매일 몇 시간씩 영어로 대화했고 유튜브 영상을 보면서 새로운 표현들을 익혔습니다. 그 결과, 저는 단순히 시험 점수를 넘어 영어를 '쓰는 언어'로 받아들일 수 있었습니다.

▷ 06-2　토익을 '시험'이 아니라 '일상'으로 만드는 방법

토익, '제2의 수능'이 아니다

　토익은 대학생과 직장인에게 필수라고 해도 과언이 아닙니다. 이러한 토익을 또 다른 시험으로 여기기보다 영어 실력을 다듬는 도구로 활용해 보면 어떨까요?

토익의 현실: 시험이 아닌 도구로 활용하라

토익은 '듣기(Listening)'와 '독해(Reading)'로 구성된 시험으로, 수능 영어와 비슷한 면이 있습니다. 하지만 LC(Listening Comprehension)는 속도가 빠르고 발음이 다양해 어렵게 느껴지고 RC(Reading Comprehension)는 문장 구조를 정확히 이해해야 빠르게 해석할 수 있습니다.

그렇기 때문에 많은 대학생이 토익을 '수능의 연장선'처럼 접근합니다. 하지만 LC를 문제 풀이 위주로만 공부하면 귀가 트이지 않고 RC도 문장 구조 이해 없이 해석만 하면 실력이 정체됩니다.

하지만 토익은 영어 실력을 키울 수 있는 도구입니다. 준비 과정에서 쌓은 어휘와 문장 구조를 실전 영어로 확장하고 말하기·쓰기 실력까지 보완할 기회로 활용할 수 있죠. 그렇다면 토익을 단순한 점수 따기용이 아니라 실전 영어로 연결하는 방법은 무엇일까요?

▌영어 유창성을 위한 전략 ▌

미드·유튜브로 듣기 감각 확장하기

토익 LC를 단순히 시험용 듣기로만 접근하면 실제 대화에서는 잘 들리지 않는 경우가 많습니다. 하지만 미드(미국 드라마)나 유튜브 같은 콘텐츠를 통해 듣기 감각을 확장하면 훨씬 쉽게 다가갈 수 있습니다.

① 미드 활용법

- **초보자:** 처음에는 한글 자막을 켜고 내용을 파악하세요. 익숙해지면 영어 자막으로 바꾸고 마지막엔 자막 없이 보면서 듣기 실력을 점검하세요.
- **중급자:** 처음부터 영어 자막을 켜고 보면서 모르는 표현을 익힌 후 자막 없이 들어 보세요.
- **고급자:** 처음부터 자막 없이 시청하고 모르는 표현이 나오면 다시 영어 자막으로 확인해 보세요.
- **기존 명작:** Friends, The Office, Modern Family는 여전히 일상 대화 학습에 효과적입니다.
- **최신 트렌드:** Abbott Elementary(교실 배경의 코미디), Ted Lasso(스포츠 코미디), Only Murders in the Building(미스터리 코미디)도 자연스러운 대화와 다양한 표현을 배우기에 좋습니다.

② 유튜브 활용법

- 관심 있는 주제(예 패션, 테크, 게임)의 해외 유튜버 채널을 구독하세요.
- 하루 5~10분씩 짧은 영상을 보며 자주 쓰이는 표현과 자연스러운 억양을 익혀 보세요.

  예 축구 팬이라면 BBC Sport 채널이나 Premier League 하이라이트를 추천합니다.

06-3 실전 영어가 강해지면 시험도 쉬워진다!

시험은 언어의 일부일 뿐, 실전 영어가 더 중요하다

많은 사람이 '시험용 영어 = 영어'라고 착각합니다. 하지만 언어는 말하기·듣기·읽기·쓰기를 통합적으로 사용할 때 가장 빠르게 성장합니다. 우리가 모국어인 한국어를 어떻게 익혔는지 떠올려 보세요. 대화를 나누고 글을 읽고 글을 쓰면서 자연스럽게 배웠죠. 시험은 이 중 일부만 평가하는 것일 뿐, 실전에서는 '문제 풀이 능력'이 아니라 '실제 대화력'이 중요합니다.

말하기·쓰기, 이렇게 바꿔 보자

① 쓰기, 듣기: SNS·커뮤니티

- 관심 있는 분야의 해외 유튜버를 정한 후 영상을 10초 단위로 반복 재생하면서 듣기 연습을 해 보세요.

- Reddit, Quora, Twitter 등에서 관심 주제를 찾아 짧게라도 의견을 남겨 보세요. "I agree with you.", "That's really interesting!" 정도로 시작하면 됩니다.

② 메신저 대화
- 언어 교환 앱(Discord, HelloTalk, Tandem 등)으로 원어민과 1:1 대화를 시도해 보세요.
- 처음에는 "How's your day?" 수준의 짧은 대화라도 실제로 '대답을 들어야 하는 상황'이 큰 학습 동기가 됩니다.

③ 스피킹 파트너 구하기
- 온라인 화상 모임(Zoom, Google Meet)을 활용하거나 지역 오프라인 영어 스터디를 찾아보세요.
- 대면 대화가 부담스럽다면 디스코드 음성 채팅부터 시작하세요.

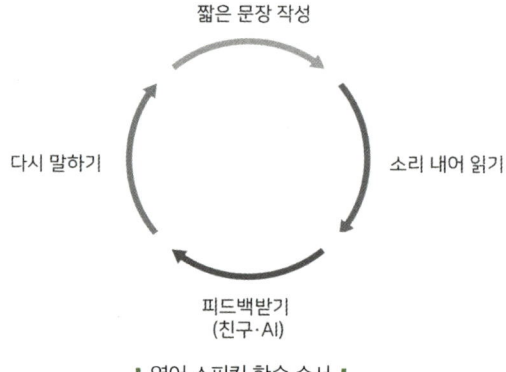

▎영어 스피킹 학습 순서 ▎

필자의 경험: 실전 영어가 주는 시너지

저는 초등학교 5학년 때부터 해외 친구들과 디스코드로 매일 대화했기 때문에 '단어가 틀리면 어쩌지?'라는 두려움이 거의 없었습니다. 자주 쓰는 표현이 서서히 몸에 배었고 '이게 맞나?'라는 생각이 들면 상대방의 반응을 보면서 자연스럽게 교정할 수 있었습니다. 그렇게 영어를 공부가 아닌 생활로 받아들인 결과는 다음과 같습니다.

- 저는 중학교 때 이미 고3 영어 모의고사를 봐도 독해나 듣기는 익숙했고 틀린 답을 찾는 문제 역시 '이건 실제로 잘 안 쓰는 표현' 정도로 직감하기 쉬웠습니다.
- 아무 준비 없이 시작한 토익과 토익 스피킹에서도 높은 점수를 얻을 수 있었습니다. 시험은 그냥 그동안 쌓은 '실전 감각'을 검증해 준 도구일 뿐이었습니다.

'영어 공부'가 아닌 '영어 습관'으로 갈아타기

많은 대학생과 성인 학습자가 어학 성적이 필요해서 영어를 다시 시작할 때 빠지는 함정이 있습니다. 바로 과거의 '학교 공부 방식'을 그대로 반복하는 것입니다. 시험 기간에 벼락치기하듯이 큰맘 먹고 몇 시간씩 책상에 앉아 문법책부터 파고듭니다. 하지만 이런 '이벤트성 공부'는 금방 지치고 목표를 달성한 후에는 다시 영어를 놓아버리기 쉽습니다.

이제는 접근법을 바꿔야 합니다. '공부'라는 무거운 짐을 내려놓고 '습관'이라는 가벼운 옷으로 갈아입을 때입니다. 핵심은 습관을 만드는 것, 즉 절대 실패할 수 없을 만큼 아주 작은 습관을 만드는 것입니다. 하루 2시간 공부가 아니라 하루 5분이라도 영어를 단순히 접하는 환경을 만드는 것이죠.

① 영어 학습, 이렇게 갈아타 보세요

과거에는 시험을 보기 위해 공부했다면 이제는 새로운 습관을 만들고 새로운 공부 방식을 따라 할 차례입니다.

② **한번 해 보세요**
- 평소에 보던 유튜브 채널 영상을 한글 더빙 없이 보기
- 1주일마다 실시간 채팅이 가능한 소셜 미디어(Reddit/Discord)에서 외국인과 대화 나눠 보기
- 스마트폰 게임을 할 때 언어 설정을 한국에서 영어로 바꾸고 유지해 보기 + 모르는 단어가 나올 때 검색해 보기

처음에는 '고작 하루 5분으로 영어가 늘겠어?'라고 생각할 수 있습니다. 맞습니다. 하루 5분만으로 영어가 완성될 수는 없습니다. 하지만 이 '작은 습관'의 진짜 목적은 5분 안에 영어를 끝내는 것이 아니라 '절대 실패하지 않는 시작'을 만드는 데 있습니다.

심리학자 에빙하우스의 '망각 곡선' 이론에 따르면, 우리는 배운 것을 금방 잊어버립니다. 하지만 짧게라도 자주 반복하면(간격 효과, Spacing Effect) 기억은 훨씬 오래 유지됩니다. 하루 2시간을 몰아서 공부하고 잊어버리는 것보다 매일 5분씩 영어를 '만나는' 습관이 장기적으로는 훨씬 강력한 힘을 발휘합니다.

이 작은 시도들이 쌓여 영어를 '해야 할 공부'가 아닌 '일상의 즐거움'으로 바꾸는 순간, 기적은 시작됩니다.

작은 성취감이 만드는 거대한 변화

'작은 습관'의 가장 큰 위력은 '작은 성취감'을 매일 느끼게 해 준다는 점입니다. 어제보다 오늘 영어 댓글 하나를 더 이해하게 되고, 게임 속 캐릭터의 대사가 조금 더 들리는 그 순간, 영어는 더 이상 두려움의 대상이 아

닙니다.

그렇게 재미가 붙다 보면 어느새 우리는 5분을 넘어 10분, 30분, 나중에는 몇 시간이고 시간 가는 줄 모르고 영어 콘텐츠에 빠져 있는 자신을 발견하게 될 것입니다. 왜일까요? 우리가 사랑하는 영화, 드라마, 게임, 최신 기술 등 수많은 즐거움의 원천이 바로 영어권 문화에서 시작되었기 때문입니다.

결국 '하루 5분'은 여러분을 영어의 세계로 안내하는 즐거운 초대장일 뿐입니다. 이 초대장을 받고 영어라는 즐거움에 빠져들기 시작하면 그 이후의 성장은 누구도 막을 수 없습니다. 제가 직접 경험한 이 길을, 이제 여러분도 자신감을 갖고 걸어가시길 바랍니다.

핵심 요약

- 대학생·성인이 되면 시험 대신 실전에서 영어를 써야 할 상황이 많아지는데, 문제 풀이 위주의 공부만 해 온 분들에겐 말하기와 글쓰기가 막막하게 느껴질 수 있습니다.
- '영어를 시험 점수가 아닌 도구로 써 보기'가 가장 빠른 해결책입니다. 업무, 과제, SNS, 커뮤니티 등 실제 상황을 적극적으로 활용하세요.
- 실전 영어가 강해지면 토익, 오픽, 직무 영어 시험도 자연스럽게 수월해집니다.

처음엔 '어색하고 시간도 오래 걸릴 것 같은데?'라는 생각이 들겠지만, 직접 이메일을 써 보고 회화 모임이나 AI 챗봇에 말을 걸어 보는 순간부터 영어가 과거 시험지 속 '문제'가 아닌, 실제로 내가 무언가를 표현하고 소통할 수 있는 '도구'로 바뀌게 됩니다. 영어는 무조건 써야 하는 '도구'라는 걸 꼭 기억하세요. 많이 쓴 사람이 그 숙련도 또한 뛰어납니다. 그 차이에서 오는 성장 속도는 생각보다 훨씬 빠를 것입니다.

직접 해 보기 6장 실천 미션!

① 업무 또는 과제의 일부를 영어로 실천하기

오늘부터 직장에서 간단한 보고서나 메모를 짧게라도 영어로 작성해 보세요. 대학생이라면 과제를 준비할 때 일부러 영문 자료를 찾아 정리하는 것도 좋습니다. 작은 노력으로 업무와 학습에 영어를 조금씩 자연스럽게 적용해 보는 겁니다.

| 구체적이고 현실적인 실천 예시 |

업무 관련	• 오늘 회의 메모의 핵심 키워드만 영어로 작성하기 • 이메일 제목과 간단한 인사말을 영어로 써 보기("Project Update.", "Thanks for your help!" 등)
대학생 과제 관련	대학생이라면 다음과 같은 방식으로 실제 과제에 영어를 자연스럽게 도입할 수 있습니다. 저는 현재 대학생이므로 부담되지 않으면서도 현실적으로 바로 실천 가능한 방법을 제시해 보겠습니다.

㉠ 영어 원문 논문 꼭 포함하기

과제를 위해 자료 조사를 할 때 해외 학술 사이트에서 자신의 주제와 관련된 논문을 하나만 골라 초록(Abstract) 부분만 읽고 참고 자료로 넣어 보세요. 초록은 길이도 짧고 핵심 내용이 압축되어 있어서 부담이 없습니다.

| 이용 가능한 해외 학술 사이트 |

- Google Scholar(https://scholar.google.com)
- JSTOR(https://www.jstor.org)

㉡ 자료 조사 시 영어 기사나 뉴스 간단히 참고하기

'네이버'나 '다음'에서 한국어 자료만 검색하지 말고 주제를 영문으로 구글에 검색해 해외 뉴스나 영어 블로그 포스팅 중 쉬운 내용 한 개만 추가해 보세요. 한두 문장만 인용해도 충분합니다.

> **예시**
>
> 주제가 '챗GPT와 교육'이라면 구글에 'ChatGPT and education'이라고 검색하여 나온 기사에서 한두 문장만 과제에 인용하기

ⓒ 과제의 간단한 제목이나 목차 영어로 써 보기

과제의 전체 목차를 영어로 만드는 게 부담스럽다면 핵심 키워드가 되는 간단한 제목 하나 정도만 영어로 추가해 보세요.

> **현실적인 예시**
>
> '챗GPT의 교육 활용 가능성' 과제의 경우, 메인 제목 아래에 부제(subtitle)로 'Exploring the Educational Potential of ChatGPT'라는 영어 부제를 넣어 보기

이렇게 영어를 구체적인 방식으로 활용하면 실전 영어 능력과 과제의 전문성도 자연스럽게 높아집니다.

② 하루 한 문장, 영어로 표현하기

SNS에 하루에 딱 한 문장이라도 영어로 올려 보거나 가능한 이메일을 영어로 써 보세요. '간단한 표현도 무조건 직접 써 보는 것'이 바로 작문과 말하기 실력을 키우는 가장 좋은 방법입니다.

③ 챗GPT로 실전 영어 연습하기

AI를 활용해 가상 시나리오를 만들어 보세요. 예를 들어 "영어 이메일 작성을 도와줘."라거나 "외국 바이어와의 미팅 상황 연습을 도와줘."와 같은 실전 상황을 설정하고 연습합니다. 처음엔 조금 어색할 수 있지만, 반복할수록 실제 영어 소통 능력이 크게 향상될 것입니다.

| 정확한 AI 역할 설정 예시 |

업무 상황	"You are a foreign client, and I'm a salesperson. Let's have a conversation about placing an order."(당신은 외국인 고객이고 저는 판매자입니다. 주문 관련 대화를 해 봅시다.)
이메일 작성 상황	"Help me write an email in English requesting a meeting schedule change."(미팅 일정 변경을 요청하는 이메일 작성을 도와주세요.)

이렇게 상황을 구체적으로 설정하고 AI와 영어로 실제처럼 연습하면 실전 영어 실력이 빠르게 향상됩니다.

④ 관심사로 영어 콘텐츠 즐기기

영어 실력을 높이는 가장 쉬운 방법은 바로 내 관심사에 영어를 더하는 것입니다. 매일 꾸준히 조금씩이라도 다음 콘텐츠들을 즐겨 보시길 추천드립니다.

| 대학생과 성인에게 적합한 추천 콘텐츠 |

- 뉴스/시사 관련
  - 'CNN'(짧고 명확한 뉴스 영상)(https://edition.cnn.com)
  - 'TED Talks'(다양한 분야의 강연)(https://www.ted.com)

- 자기 개발 및 비즈니스
  - 'Harvard Business Review'(짧은 영어 비즈니스 매거진)(https://hbr.org)
  - 'BBC Worklife'(커리어와 업무 관련 기사)(https://www.bbc.com/worklife)

⑤ 나를 알리는 1분 영어 스피치 만들기

취업을 위한 면접, 네트워킹 파티, 팀 프로젝트 자기 소개 등 생각보다 자주 자신을 짧게 알려야 하는 상황에 놓입니다. 하지만 이런 때 미리 연습한 1분짜리 영어 스피치가 있다면 당황하지 않고 자신감 있게 나를 어필할 수 있습니다.

1분 스피치, 4단계로 완성하기

Step 1 핵심 내용 스크립트 작성하기
가장 중요한 정보만 담아 3~4문장으로 간결하게 작성합니다.

Who I am: "Hello, my name is [이름], and I'm a [전공/직책] specializing in [전문 분야]."
What I do/achieved: "I'm passionate about [관심사], and I recently worked on a project that [주요 성과]."
What my goal is: "I'm currently looking for opportunities to [목표], and I'm excited to connect with people in the [관련 산업] field."

Step 2 AI로 스크립트 다듬기
작성한 스크립트를 챗GPT에 넣고 좀 더 자연스러운 표현으로 다듬어 달라고 요청하세요.

<프롬프트 예시>
"Please refine this self-introduction script to sound more natural and confident for a professional setting."

Step 3 들으면서 녹음하며 연습하기, 따라 읽어 보기
스마트폰 녹음 기능을 켠 후 시간을 재면서 스피치를 녹음해 보세요. 자신의 목소리 톤과 속도를 직접 들어 보면 개선할 부분이 명확하게 보입니다. 만약 개선할 부분이 보인다면 따라 읽어 보면서 교정이 될 때까지 여러 번 반복해서 연습하는 것이 중요합니다.

Step 4 피드백 구하기
연습한 스피치를 영어 스터디 멤버나 언어 교환 파트너에게 들려주고 피드백을 받아 보세요. 주변에 피드백을 해 줄 사람이 없다면 녹음한 내용을 듣고 챗GPT에게 발음이나 억양에 대한 조언을 요청할 수도 있습니다.
처음부터 완벽한 스피치를 하려고 하면 부담감 때문에 시작조차 하기 어렵습니다. 우선 짧게라도 스크립트를 완성하고 소리 내어 말해 보는 '완성' 자체에 목표를 두세요. 한번 만들어 두면 상황에 맞게 조금씩 수정하며 평생 유용하게 쓸 수 있는 나만의 무기가 될 것입니다.

PART 3

고급 학습-
실전 영어 잘하고
싶으면 여기서부터
진짜 시작

CHAPTER · 7

AI 활용하고 원서 읽으면서 영어 더 잘하기

영어를 어느 정도 익힌 후에는 '더 깊게, 더 넓게 공부해 보고 싶다.'라는 생각이 드는 시점이 옵니다. 7장에서는 원서 읽기, AI 활용, 실전 대화까지 학습 범위를 다각도로 확장하는 방법을 다룹니다. 어머니께서 제 영어 원서 읽기를 도와주실 때는 '렉사일 지수'를 참고해 원서를 고르시기도 했습니다. 그런데 요즘은 챗GPT를 활용하면 좀 더 편리하게 렉사일 지수를 확인할 수 있고 자신에게 맞는 등급의 원서나 영어 원문을 쉽게 찾을 수 있습니다. 이번에는 '영어 고수'가 되는 노하우를 공유하겠습니다.

07-1 영어 원서를 읽기 어렵다면 렉사일 지수로 조절하면 된다

원서 읽기의 힘: 언어 감각을 한 단계 끌어올리기

영어 원서를 읽는 것은 어휘·문법·문화적 배경을 동시에 익힐 수 있는 훌륭한 방법입니다. 하지만 자신의 수준에 맞지 않는 책을 고르거나 모든 단어를 외우려다 지쳐 포기하는 경우가 흔하죠. 이번에는 렉사일 지수로 책의 난이도를 조절하는 방법과 원서 읽기를 꾸준히 이어갈 수 있는 실질적인 팁을 다뤄 보겠습니다.

렉사일 활용법과 스티븐 크라센의 이론

어머니는 제가 알파벳을 배운 후 영어 원서를 읽어 주기 시작하셨습니다. 당시 제 어머니는 렉사일 지수라는 개념을 이해하고 계셨고 이에 따라 제 수준에 맞는 책을 고르기 위해 책의 난이도를 꼼꼼히 살펴보셨습니다. 그 결과, 제가 접한 첫 영어 원서는 Fly Guy, Oxford Reading Tree(ORT), Winnie The Witch, Froggy 시리즈 등이었습니다.

나중에 알게 된 사실이지만, 어머니가 렉사일 지수를 활용하셨던 접근법은 언어학자 스티븐 크라센의 '입력 가설(Input Hypothesis)'인 'i+1 이론'과 일치했습니다. 이 이론에 따르면, 학습자가 '현재 이해할 수 있는 수준(i)'보다 약간 높은 난이도(+1)의 언어 자료에 노출될 때 언어 습득이 가장 효과적으로 이루어집니다.

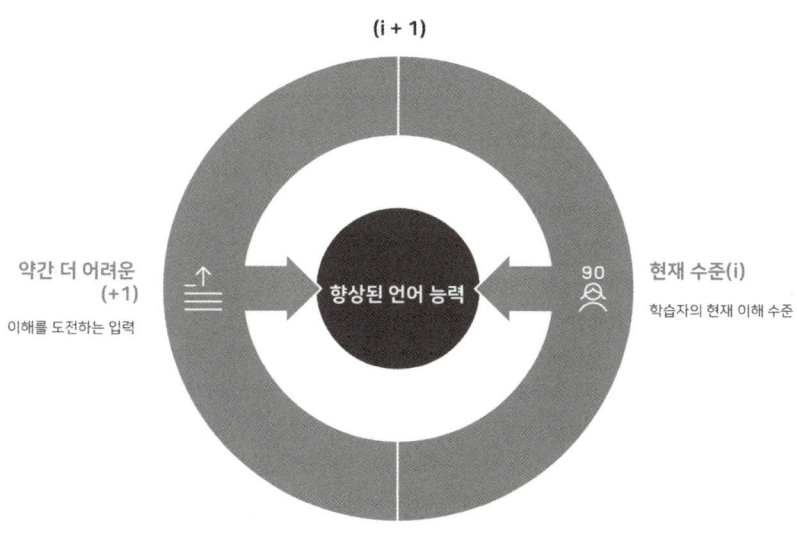

▎ 스티븐 크라센의 언어 학습 방법 ▎

렉사일 지수는 미국 메타메트릭스 사에서 개발한 평가 지수로, 독자의 읽기 능력과 텍스트의 난이도를 객관적으로 측정합니다. 맬버트 스미스(Melbert Smith)는 "신발을 고를 때 학년이나 나이가 아닌 발 사이즈에 맞게 선택하듯이 독서에서도 독서 능력에 맞는 도서 선정이 중요하다."라고 강조했습니다. 이처럼 렉사일 지수를 통해 자신의 현재 독해 수준보다 약간 어려운 책을 선택하는 것은 스티븐 크라센의 i+1 원리를 실천하는 효과적인 방법입니다.

렉사일 지수: 나에게 맞는 책 고르기

렉사일 지수는 독자의 독해 능력과 텍스트 난이도를 수치로 보여 주며 책이 나에게 얼마나 적합한지 판단할 수 있도록 도와주는 도구입니다. 간혹 현재 자신의 수준(렉사일 지수)을 무시하고 처음부터 너무 어려운 원서를 보려는 분들도 있습니다. "내가 이렇게 쉬운 걸 봐야 해? 이 정도는 봐야지."라고 말하면서 말이죠. 남을 의식하면 영어 포기하게 된다는 사실을 꼭 기억하셨으면 좋겠습니다.

- 독자의 렉사일 지수: 현재 독해 수준(예 800L)
- 텍스트 렉사일 지수: 특정 책의 난이도(예 700~850L)

독자의 800L 수준이라면 750~850L 정도의 책이 적합합니다. 이 범위를 크게 벗어나는 책은 너무 쉽거나 어려워 흥미를 잃기 쉽습니다.

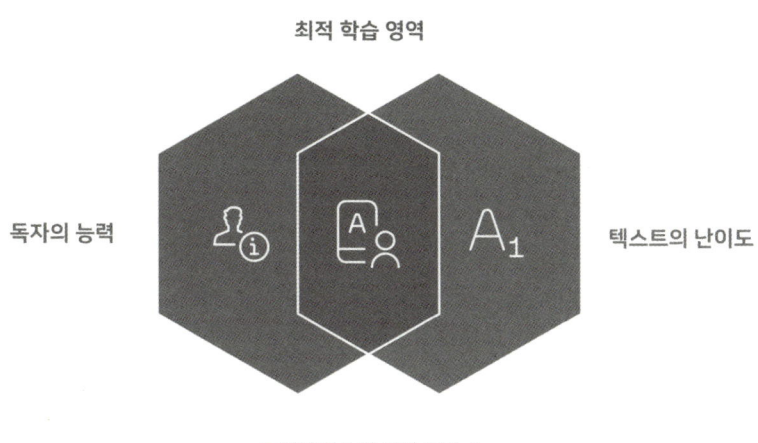

▌ 언어 학습의 최적 조건 ▌

적절한 원서 선택 방법

① **렉사일 지수 활용**

- 자신의 렉사일 지수를 확인(온라인 테스트 등)한 후 그 범위 내의 책을 선택

  예 700~800L → Diary of a Wimpy Kid, Charlotte's Web

  900L 이상 → Harry Potter, The Hunger Games 등

② **흥미를 우선시**

- 스토리가 재미있고 취향에 맞아야 꾸준히 읽게 됩니다. 스포츠·판타지·자기 개발 등 좋아하는 장르를 선택하세요.

③ **난이도 점진적 상승**

- 처음엔 짧고 간단한 문체의 책부터 점차 긴 문장·복잡 어휘가 들어간 책으로 넘어가면 부담이 덜합니다.

원서를 읽으며 단어 외우지 않기

원서를 읽을 때의 가장 큰 함정은 '모든 낯선 단어를 일일이 찾아 외우기'입니다.

- **문맥으로 유추:** 모르는 단어가 나와도 흐름을 통해 의미를 파악해 보세요.
- **반복 노출:** 정말 중요한 단어는 책 속에서 여러 번 등장하므로 자연스럽게 익혀집니다.
- **중요 단어만 기록:** 자주 보이는 핵심 단어만 메모하고 나중에 한꺼번에 복습하세요.

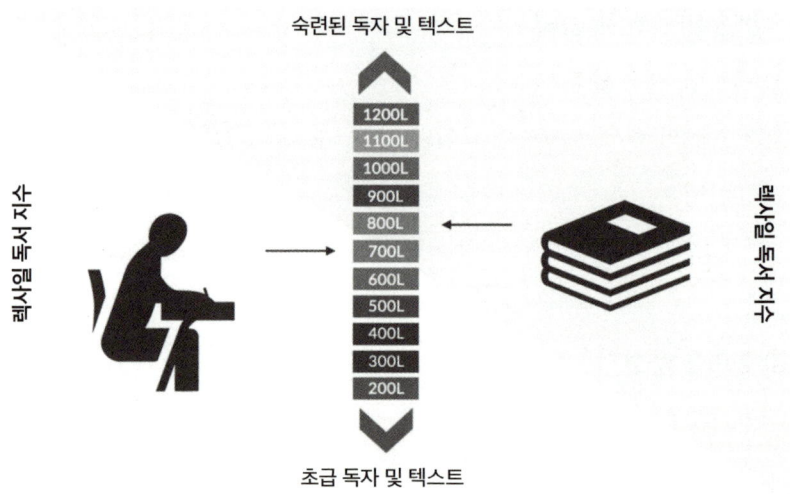

❙ 렉사일 지수 표(출처: www.lexile.com) ❙

렉사일 지수 확인 및 활용 방법

① **온라인 테스트로 내 렉사일 지수 확인하기**

렉사일 공식 웹 사이트나 협력 웹 사이트에서 제공하는 간단한 독해 테스트를 통해 자신의 렉사일 지수를 확인할 수 있습니다.

② 책의 렉사일 지수 검색하기

아마존이나 렉사일 공식 웹 사이트에서 원하는 책의 렉사일 지수를 검색하세요.

③ 챗GPT 활용하기

챗GPT에게 "이 문단의 난이도를 렉사일 지수로 평가해 줘."라고 요청하면 대략적인 난이도를 추정할 수 있습니다. 예를 들어 BBC 뉴스의 한 문단을 챗GPT에게 물어보면 다음과 같은 결과가 나타납니다.

> "For now, the soldiers Germans most worry about are the 35,000 American ones, stationed in their country, that make them feel safe.
>
> It's highly unusual for foreign policy to be a top voter concern at election time. But in Germany this weekend, alongside the economy and migration, voter after voter said they worried about peace in Europe and felt very insecure.
>
> Back in November, Germany's interior ministry said it was drawing up a list of bunkers that could provide emergency shelter for civilians.
>
> Ukraine may be far away, but Germans feel at great risk from Russia for two reasons.
>
> Firstly, the amount of military equipment their country has sent Ukraine. The far right, Alternative for Germany (AfD), with its "Germany First" slogan, campaigned for Berlin to disengage from Kyiv and to re-establish relations with Russia. A strategy not unlike Donald Trump's, as the party is fond of pointing out.
>
> Secondly, many in Germany think that if Russia wanted to really destabilise Europe, it might be tempted to strike one of the Big Three with a long-range missile."
>
> 이 문단의 난이도를 렉사일 지수로 평가해줘.

이 문단의 난이도를 **Lexile** 지수로 평가하면 약 **1200L~1350L** 수준일 것으로 보입니다.

평가 근거:

1. **어휘 난이도:**
   - "foreign policy", "election time", "interior ministry", "emergency shelter", "military equipment", "disengage", "destabilise" 등의 단어는 일반적인 일상 영어보다 높은 수준의 어휘입니다.
   - "far right", "slogan", "long-range missile" 같은 정치·군사 용어가 포함되어 있습니다.

2. **문장 구조:**
   - 문장 길이가 중간에서 긴 수준이며, 복합문과 종속절이 포함된 문장이 다수 존재합니다.
   - 예를 들어, *"But in Germany this weekend, alongside the economy and migration, voter after voter said they worried about peace in Europe and felt very insecure."* 같은 문장은 구조가 복잡하여 이해하는 데 높은 독해력이 필요합니다.

3. **내용의 추상성:**
   - 국제 정치, 군사 전략, 안보 위협과 같은 개념을 다루고 있어 배경지식이 필요합니다.
   - "Alternative for Germany (AfD)"와 같은 특정 정당과 정치 전략을 언급하며 비교적 높은 수준의 비판적 사고를 요구합니다.

대상 독자 예상:
- 고등학생 후반 ~ 대학생 수준 (Lexile 1200L~1350L)
- 정치·국제 관계에 대한 배경지식이 있는 성인 독자
- 미국 학년 기준으로 10-12학년(고등학교 2-4학년) 이상이 이해 가능

즉, 일반적인 영어 학습자가 쉽게 읽기에는 다소 어려운 수준이며, 정치·국제 관계 관련 독해 능력이 필요합니다.

▶ 07-2 챗GPT로 작문 연습해 보니 좋았던 이유

AI 도구를 통한 '즉각 피드백'의 힘

영어 작문이나 말하기 실력을 높이려면 바로바로 피드백을 받아 교정·수정 과정을 반복해야 합니다. 과거엔 원어민 교사를 찾거나 비용이 드는 과외를 받아야 했지만, 챗GPT와 같은 AI가 등장하면서 부담 없이 실전 연습을 할 수 있게 됐습니다.

AI 활용의 강점: 즉각적인 피드백과 무한 반복

챗GPT와 같은 AI 도구는 영어 학습에 있어 다음과 같은 강력한 장점을 제공합니다.

① 즉각적인 피드백

내가 쓴 문장을 바로 교정받을 수 있으므로 실시간으로 잘못된 부분을 수정하고 배울 수 있습니다.

② 스트레스 없는 연습

사람과 대화할 때 느끼는 긴장감 없이 틀려도 부담 없이 연습할 수 있습니다.

③ 무한 반복 가능

같은 문장을 여러 번 수정하거나 다양한 스타일로 바꿔 달라고 요청할 수 있습니다.

챗GPT에게 다음과 같이 요청해 보겠습니다.

| 예시 |

"I go to there yesterday."(좀 더 자연스럽게 고쳐 줘.)(또는 영어로 "Correct this sentence: I go to there yesterday.")

| 결과 화면 |

I go to there yesterday. 좀 더 자연스럽게 고쳐줘.

"I went there yesterday."

여기서 제가 영어로 프롬프트를 추천드리는 이유는 자꾸 영어로 써 봐야 늘기 때문입니다. 그리고 영어로 요청하면 좀 더 상세하게 나올 때가 많습니다.

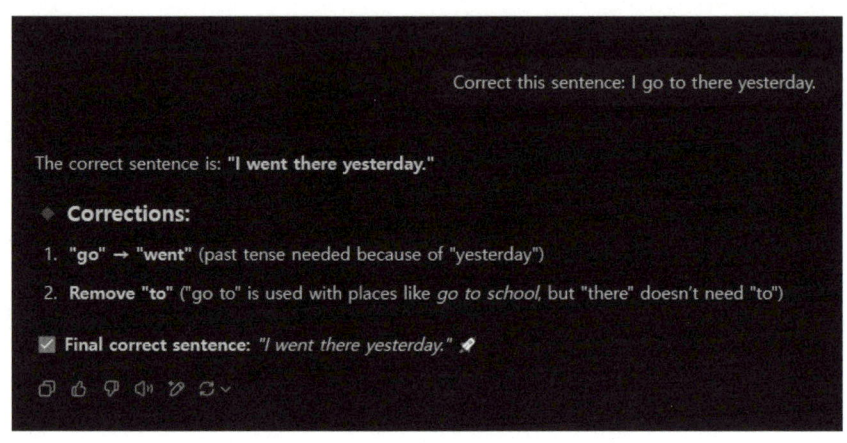

작문·문법 교정: 챗GPT로 이렇게 시작하자

① 짧은 문장부터

- "I goed to the park."처럼 간단한 문장을 AI에게 교정 요청
- (영문 프롬프트) "Please correct this sentence."
- (한글 프롬프트) "이 문장의 문법과 스타일을 교정해 주세요."

② 스타일 변경

- (영문 프롬프트) "Rewrite this in a formal tone." 또는 "Rewrite this in a casual style."
- (한글 프롬프트) "이 내용을 격식체로 다시 작성해 주세요." 또는 "이 내용을 친근한 스타일로 다시 작성해 주세요."
- 같은 내용도 다르게 표현하는 연습으로 어휘력이 넓어집니다.

③ **피드백 분석**
- AI가 어떻게 교정했는지, 어떤 표현이 자연스러운지 비교하며 습득하세요.

고급 음성 모드로 말하기 연습

챗GPT의 '고급 음성 모드'를 활용하면 타이핑 대신 음성으로 대화를 나누면서 실전 감각을 키울 수 있습니다.

롤플레이(역할극)로 말하기 훈련

① **상황 설정**: AI에게 역할을 부여해야 합니다. 아래 문장을 그대로 입력해 보세요.

  예 "You are a job interviewer, and I am the candidate. Let's have a mock interview."

  챗GPT가 영어로 질문을 던지면 음성 입력(스마트폰 앱)이나 텍스트로 대답해 보세요.

② **피드백 요청**: 답변 후 교정을 요청해 실력을 키웁니다.

  예 "How was my response? Can you correct my sentence or suggest more natural phrasing?"

③ **발음 교정**: 녹음한 음성을 들려 주며 억양 피드백도 받을 수 있습니다.

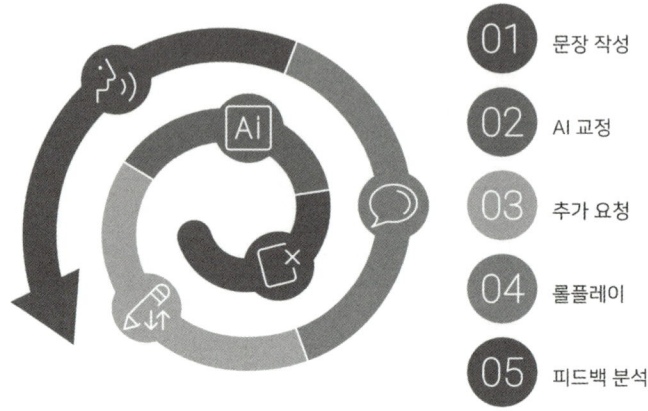

▌ 언어 학습 개선 과정 ▌

효과적인 프롬프트 작성법

챗GPT를 최대한 효율적으로 활용하려면 구체적이고 명확한 프롬프트를 작성하는 것이 중요합니다.

① 작문 교정용 프롬프트

"Please correct this sentence."(문법과 스타일 교정을 부탁합니다.)

"Rewrite this text in a more formal tone."(이 텍스트를 더 격식 있게 바꿔 주세요.)

② 롤플레이용 프롬프트

"Let's role-play a job interview. You're the interviewer, and I'm the candidate."(취업 면접 롤플레이를 해 봅시다.)

③ 학습 시나리오 생성 프롬프트

"I'm preparing for TOEFL writing. Can you create a practice

question and evaluate my answer?"(토플 라이팅 준비 중인데 연습 문제를 만들어 주고 제 답변을 평가해 주세요.)

④ **발음 피드백 요청 프롬프트**

"Can you evaluate my pronunciation based on this sentence?"(이 문장을 기반으로 제 발음을 평가해 주세요.)

AI 활용 시 주의 사항

- **정확성 한계:** AI 답변이 완벽하지 않을 수 있으므로 무조건 맹신하기보다 여러 소스를 참조하세요.
- **개인정보 보호:** 음성 모드나 프롬프트에서 민감한 개인정보를 입력하지 말고 오픈된 주제를 활용하세요.
- **자발적 활용:** 챗GPT에 작문이나 말하기를 맡겨버리기보다 내 표현을 보완하는 보조 수단으로 쓰는 것이 중요합니다.

참여 활동: 오늘 시작하기

① **하루 한 단락 작문**

일기나 감상문 등을 챗GPT에게 수정 요청해 보세요.

② **롤플레이**

여행, 면접, 친구 대화 등 상황을 정해 "You are X, I am Y." 형식으로 대화해 보세요.

③ **메모 습관**

AI가 교정한 표현 중 마음에 드는 문구는 별도 노트에 적어 반복 복습하세요.

07-3 진짜 제대로 대화하려면 감정과 문화도 알아야 한다

혼자만의 연습이 가진 한계

영어를 배울 때 혼자서 공부하거나 AI 도구를 활용하는 것은 매우 유익한 방법입니다. 하지만 언어는 결국 사람과 사람 간의 소통을 위한 도구입니다. 특히 스피킹은 아무리 혼자서 섀도잉을 하고 AI와 롤플레이를 반복해도 실제 사람과 대화하며 피드백을 받지 않으면 한계에 부딪힐 수밖에 없습니다.

게임이나 AI 롤플레이 원서 읽기 등으로 영어 감각을 쌓는 것은 훌륭하지만, 언어는 사람과 소통하는 도구입니다. 실제 대화 상황에서는 예측하지 못할 질문과 즉흥 반응, 감정·표정·제스처 등이 함께 어우러져야 비로소 '언어 능력'이 완성되지요.

① 피드백 부족
- 내가 말한 문장이 자연스러운지, 발음이 정확한지 등을 확인할 방법이 없습니다.
- 잘못된 표현이나 억양이 반복되면 습관으로 굳어질 위험이 있습니다.

② 감정과 문화적 맥락의 부재
- 언어는 단순히 단어와 문법의 조합이 아닙니다. 표정, 억양, 제스처 등 비언어적 요소가 함께 어우러져야 진정한 소통이 가능합니다.
- 예를 들어 "How are you?"라는 질문에 "I'm fine."이라고만 답하면 딱딱하게 들릴 수 있습니다. 실제 대화에서는 "I'm good! How about you?"처럼 자연스러운 흐름을 익혀야 합니다.

③ 즉흥성 부족

　AI나 혼자 하는 연습은 정해진 시나리오 안에서 진행됩니다. 하지만 실제 대화에서는 예상치 못한 질문이나 상황에 즉흥적으로 반응해야 할 때가 많습니다.

실전 대화, 어떻게 시작할까?

① 언어 교환 앱(HelloTalk, Tandem 등)

　관심사 필터로 상대방을 찾아 간단한 메시지부터 교환

② 디스코드/레딧 커뮤니티

　게임, 영화, 스포츠 등 좋아하는 주제의 서버나 스레드에서 가벼운 대화 시작

③ 화상 모임(Zoom, Google Meet)

　영어 스터디 그룹이나 언어 교환 모임에 참여해 즉흥 토론·롤플레이 등 진행

④ 오프라인 스터디(Meetup.com 등)

　직접 만나 대화하면 표정·억양·제스처 등 폭넓은 비언어적 요소까지 학습 가능

미성년자를 위한 안전한 접근법

미성년자는 랜덤 채팅 앱이나 일부 커뮤니티에서 부적절한 상황에 노출될 위험이 있으므로 신중해야 합니다. 그 대신 다음과 같은 방법을 추천합니다.

① 건전한 디스코드 서버 찾기

디스코드에서 'Language'와 같은 키워드를 검색합니다. 그러면 상당히 많은 서버가 나옵니다. 여기서 분위기상 건전한 서버를 선택하세요. 미성년자의 경우, 부모님께서 어느 정도 도와주시는 것이 좋습니다.

② 학교나 지역 커뮤니티 활용하기

학교 내 영어 동아리나 지역 도서관에서 운영하는 언어 교환 프로그램에 참여하세요.

③ 부모님과 함께하는 온라인 활동

부모님과 함께 줌(Zoom)이나 구글 미트(Google Meet)에서 진행되는 영어 워크숍에 참여하면 실전 대화를 안전하게 경험할 수 있습니다.

좋은 질문이 좋은 대화를 만든다

제가 아는 친구들은 흔히 대화의 기회가 생겼을 때 '무슨 말을 해야 할지 몰라서' 침묵하거나 단답형으로 대답하며 대화를 끊어버리는 실수를 합니다. 하지만 좋은 대화는 상대방 그리고 내 자신만의 유창한 영어 실력만으로 만들어지지 않습니다. 상대방의 이야기를 이끌어 내고 대화를 풍성하게 만드는 '좋은 질문'을 던질 줄 아는 능력이 훨씬 중요합니다. 핵심은 단답형 질문을 피하고 서술형 질문을 하는 것입니다.

① 단답형 질문(대화가 끊기기 쉬움)

　　Do you like movies?(영화 좋아해요?) → Yes. / No.

　　Did you have a busy day?(바쁜 하루였나요?) → Yes.

② 서술형 질문(상대방이 이야기를 하게 만듦)

　　"What kind of movies are you into these days?"(요즘 어떤 종류의 영화에 빠져 있어요?)

　　"What was the most memorable part of your day?"(오늘 하루 중 가장 기억에 남는 순간은 뭐였어요?)

핵심 요약

- 원서 읽기: 렉사일 지수를 활용해 자신의 수준과 흥미에 맞는 책을 골라 시작하면 고급 어휘·독해력을 자연스럽게 끌어올릴 수 있어요.
- AI 활용: 챗GPT 등을 통해 작문 교정부터 롤플레이·심층 토론까지 할 수 있으므로 시간·장소의 제약 없이 연습이 가능해집니다.
- 실전 대화 병행: 결국 언어는 사람과 만나야 완성돼요. AI·원서 학습으로 익힌 표현을 오프라인·화상에서 써 보면서 문화적 맥락과 감정 표현까지 익히면 금상첨화!

　이처럼 고급 영어 학습 단계에선 '원서 + AI + 실전 대화'라는 삼박자 방식을 추천합니다. 저도 이 루틴을 통해 읽기, 쓰기, 말하기 세 영역을 종합적으로 발전시켰습니다. "그럼 이제 시험공부는 언제 하죠?"라고 걱정할 수도 있지만, 이미 실전 감각이 탄탄하면 시험 문제나 에세이 작성도 훨씬 쉬워진다는 걸 여러 번 강조해 왔습니다. 결국 끊임없이 즐기며 확장해 나가는 학습 루틴이 영어를 '자유자재로 쓰는' 단계로 이끌어 줄 것입니다.

직접 해 보기 7장 실천 미션!

① 렉사일 지수로 내 수준에 딱 맞는 원서 고르기

인터넷 서점이나 렉사일 지수 웹 사이트에서 나에게 적합한 난이도의 원서를 한 권 선택해 보세요. 이미 친숙한 유명 시리즈나 소설, 논픽션이면 더욱 좋습니다. 편안하고 재미있게 읽는 게 중요합니다.

| 구체적인 추천 원서 고르는 법 예시 |

[부록 3]에 있는 렉사일 지수에 맞는 원서를 고르면 됩니다. 이때는 본인에게 맞는 수준의 책을 먼저 찾아야 합니다. 가장 쉽게 판단할 수 있는 방법 중 하나가 한 페이지에 내가 모르는 단어가 5개 이상 있는지를 먼저 체크해 보는 것입니다. 이 경우, 문맥상으로도 이해하기 어려울 수 있기 때문에 그 책의 렉사일 지수를 체크해 본 후에 다음 단계의 책을 고르면 됩니다. 이 방법으로 적당한 책을 고르고 그 책을 기준으로 원서를 고르면 됩니다.

② AI(챗GPT)와 영어로 실전 역할극(하루 10분을 해 보기)

실제 영어를 사용하는 다양한 상황을 설정하여 챗GPT와 하루 10분씩 영어 역할극을 해 보세요. 상황을 정확히 설정하면 더욱 효과적입니다.

| 구체적인 역할극 상황 예시(챗GPT에 바로 입력해 보세요.) |

여행 중 식당에서 주문하는 상황

"You are a waiter in a restaurant, and I'm a customer. Let's have a conversation about ordering food."(당신은 식당 종업원이고 저는 손님입니다. 음식을 주문하는 상황에서 대화해 봅시다.)

공항 체크인 상황

"You are an airline check-in agent, and I'm a traveler. Let's practice checking in for a flight."(당신은 공항 체크인 직원이고 저는 여행객입니다. 비행기 체크인 상황을 연습해 봅시다.)

	호텔 예약 상황 "You are a hotel receptionist, and I'm calling to reserve a room. Let's practice the reservation conversation."(당신은 호텔 리셉션 직원이고 저는 방을 예약하는 전화 손님입니다. 예약 대화를 연습해 봅시다.)

이렇게 하면 다양한 실전 상황에 익숙해지고 영어 자신감도 높아집니다.

③ **오프라인 또는 온라인 영어 회화 모임 찾아보기**

SNS나 다양한 앱을 활용해 주변의 영어 회화 모임이나 온라인 화상 영어 플랫폼을 한번 검색해 보세요. 일주일에 한 번이라도 실제 영어로 대화를 해 보면 문화적 표현과 감정 표현을 더욱 빠르게 익힐 수 있을 거예요.

│ 회화 모임 추천 채널 │

오프라인 모임

Meetup.com(https://www.meetup.com)에서 거주지 근처의 영어 회화 모임을 검색하고 참여하세요.

온라인 모임

탠덤(Tandem): 외국인과 1:1로 실시간 영어 회화 연습을 할 수 있는 인기 앱(https://www.tandem.net)

CHAPTER · 8

영어랑 친해지면 성적은 따라온다

영어를 단순히 '시험'을 위해서가 아니라 생활 속에서 자연스럽게 익히고 즐기는 방식으로 학습하다 보면 어느 순간 다양한 기회가 열립니다. 시험 점수나 취업·커리어는 결과적으로 따라오는 '보너스'에 가깝다는 것이죠. 8장에서는 그러한 '시너지 효과'가 어떻게 나타나는지 그리고 이를 통해 영어가 어떻게 더 큰 성장과 기회를 만들어 주는지 살펴보겠습니다.

08-1 영어가 생활이 되니까 시험은 별것 아니었다

'영어가 생활'인 사람들의 공통점

대부분의 학생들이 영어를 '공부 과목'으로만 접근하다가 지치곤 합니다. 반면, 영어를 생활의 일부로 받아들인 사람들은 시험을 따로 준비하지 않아도 좋은 성적을 거두곤 하죠. 도대체 왜 그럴까요?

① 시험 범위와 실전 영어의 격차가 사라짐

게임·영상·원서 등을 통해 이미 폭넓은 표현을 접해 본 사람에겐 시험 지문도 새롭지 않습니다.

② 문법 공식보다 '습관화된 언어 감각'

　어떤 구조가 맞고 틀린지, 문법을 따지며 머리로 암기하기보다 체감으로 바로 구분합니다("이건 좀 어색해 보이는데?"와 같은 느낌).

③ 귀·입이 열린 상태

　듣기·말하기 실력이 뒷받침되다 보니 듣기 평가나 독해 시험에서 본능적으로 맥락을 더 빠르게 파악합니다.

시험 준비 없이도 고득점을 받을 수 있는 이유

　저 역시 중학교 때 첫 토익 시험에서 고득점을 받았을 때 주변 분들과 토익 커뮤니티 회원분들이 "어떻게 문제집도 안 풀었는데 그런 점수가 나와?"라고 물었습니다. 그 비결은 간단합니다. 영어를 문제 풀이로 배운 게 아니라 생활 속에서 '써먹을 언어'로 익혔기 때문이죠. 우리는 영어를 배우는 진정한 목적을 망각하고 있는지도 모릅니다.

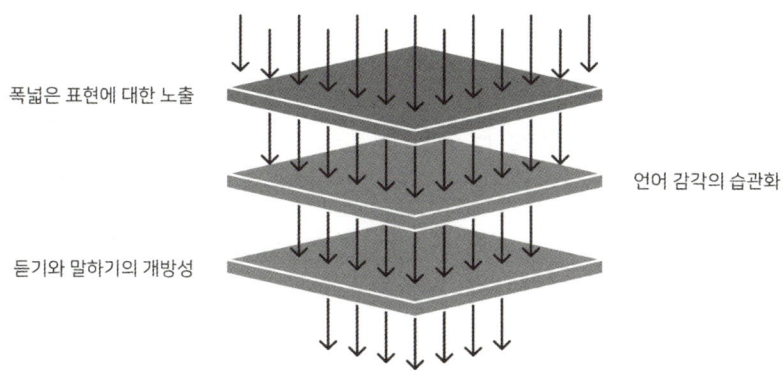

▎ 영어를 생활화하여 성적이 따라오는 과정 ▎

- **듣기:** 해외 게임 음성 채팅·유튜브 등에서 매일 다양한 억양과 속도를 접함 → 토익·수능 듣기 문항이 자연스럽게 쉬워짐
- **독해:** 해외 커뮤니티·기사 등에서 문맥으로 어휘와 문장을 파악하는 습관 → 긴 지문도 부담 없음
- **문법:** 실제 대화에서 자주 쓰이는 문형을 몸으로 익혀 '어색한 문장'을 직감적으로 골라낼 수 있음

영어가 생활이 되면 시험은 '덤'

- **내신·수능:** 반복적 문제 풀이가 아니라 평소 쌓아 둔 어휘·표현감으로 곧바로 지문을 이해함
- **토익 등 공인 시험:** 듣기·독해 파트에서 별도 학습 없이도 고득점 가능
- **영어 면접·스피킹 시험:** 말하기와 작문을 생활에서 이미 써 본 경험이 많아서 낯설지 않고 자신감이 있음

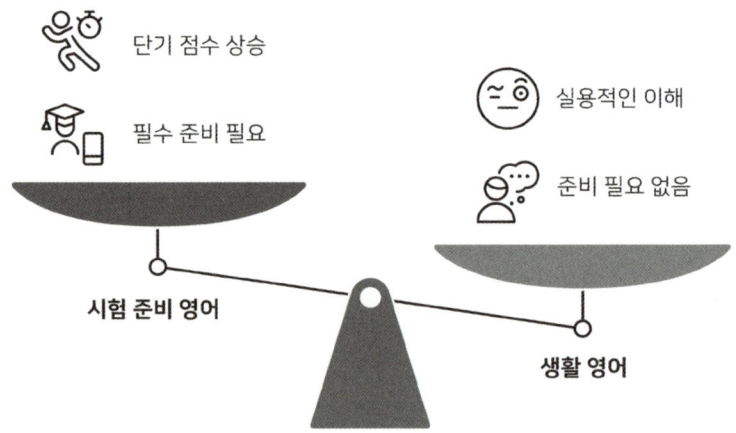

■ 영어 공부 방식과 시험 성적에 대한 비교 ■

성적뿐 아니라 커리어까지 연결되는 영어

영어는 단순히 시험 점수로 끝나는 것이 아닙니다. 영어를 잘하면 더 넓은 세계로 나아갈 수 있는 기회가 열립니다. 요즘 많은 글로벌 기업은 토익 점수만큼이나 실제 커뮤니케이션 능력을 중요하게 평가합니다.

① 해외 자료 검색 및 활용 능력
- 글로벌 기업에서는 해외 자료를 검색하고 분석하는 능력이 필수입니다.
- 영어가 생활화된 사람은 이런 작업을 자연스럽게 해낼 수 있습니다.

② 글로벌 커뮤니케이션
- 외국인 동료나 고객과의 이메일 작성, 화상 회의 등에서 유창한 영어 실력은 큰 강점이 됩니다.

③ 취업 및 성장 기회

- 영어 하나만으로 해외 빅테크 기업에 취업한 사례도 많습니다.
- 글로벌 환경에서 일하고 성장할 기회를 얻으려면 영어는 필수적인 도구입니다.

08-2 해외 자료로 남들보다 빠르게 커리어를 만드는 방법

영어가 열어 주는 글로벌 커리어의 기회

영어는 단순히 시험 점수를 위한 도구가 아닙니다. 영어는 글로벌한 세상에서 더 많은 기회를 열어 주는 강력한 무기입니다. 특히 요즘과 같은 시대에는 영어가 단순한 언어를 넘어 커리어 성장과 글로벌 커뮤니케이션 능력을 결정짓는 핵심 요소로 자리 잡고 있습니다.

그래서 요즘 많은 기업은 단순히 스펙만을 보는 것이 아니라 실제로 업무에 활용할 수 있는 실질적인 영어 능력을 요구합니다. 특히 해외 자료를 분석하거나 외국인 동료와 협업하며 글로벌 프로젝트를 수행하는 데 필요한 영어 능력은 필수입니다.

① 해외 자료 검색 및 활용 능력

해외의 최신 연구 자료나 기술 문서를 빠르게 이해하고 활용할 수 있는 능력은 기업에서 매우 가치 있게 평가됩니다. 게임 커뮤니티에서 외국 친구들과 대화하며 배운 표현들이 나중에 실제로 해외 자료를 검색하거나 논문을 읽을 때 큰 도움이 됐습니다.

② 글로벌 커뮤니케이션 능력

　이메일 작성, 화상 회의, 외국인 동료와의 협업 등에서 영어는 필수적인 도구입니다. 저는 디스코드와 같은 플랫폼에서 다양한 국적의 친구들과 소통하며 자연스럽게 이런 능력을 키웠습니다.

③ 취업 및 성장 기회

　빅테크 기업이나 글로벌 스타트업은 영어로 업무를 처리할 수 있는 사람을 선호합니다. 실제로 제가 영어 강사 아르바이트로 시작했던 온라인 영어 강사 일도 영어 실력이 기반이 됐기 때문에 가능했습니다.

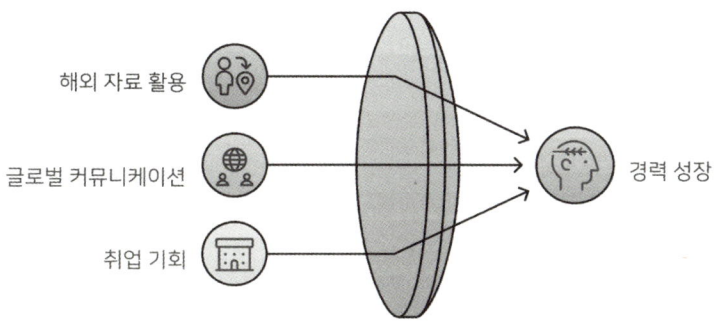

❙ 글로벌 성공을 위한 영어 능력 ❙

필자의 경험: 영어가 열어 준 세계

① 해외 친구들과의 토론 경험

　저는 게임뿐만 아니라 정치, 시사, 경제 등 다양한 주제로 외국 친구들과 토론했습니다. 이 과정에서 논리적으로 자신의 의견을 표현하고 다른 사람의 관점을 이해하는 능력을 키울 수 있었습니다.

② 아르바이트와 첫 직업

　학교를 나온 후 만 14세에 처음으로 순수 국내파인 제가 원어민 수준의 영어를 요구하는 온라인 영어 회화 강사 아르바이트를 시작했습니다. 학력 무관, 연령 무관, 재택근무라는 조건에 도전했고 3차 면접을 통해 순수 실력만으로 일을 할 수 있었습니다. 이 경험은 단순히 돈을 버는 것을 넘어 자신감과 책임감을 키우는 계기가 됐습니다.

③ 실전 감각이 만든 차별화

저는 토익 만점, 토익 스피킹 최고 등급(AH), 토익 라이팅 최고 등급(AH), OPI Superior 등 여러 시험에서 높은 성적을 받았지만, 그보다 중요한 것은 실전에서 바로 활용 가능한 영어 감각이었습니다. 실제로 외국인과 대화하거나 업무를 처리할 때 전혀 부담 없이 자연스럽게 소통할 수 있었습니다.

④ 어학 특기자로 대학 합격까지

2025년도 어학 특기자 수시 전형에서 영어 면접으로 대학에 합격할 수 있었습니다.

영어가 커리어 성장에 미치는 영향

① 해외 파트너 협업 가능
- 글로벌 프로젝트, 외국인 클라이언트 상담, 해외 출장 등에 두려움이 적음

② 정보 접근성
- 영어로 된 최신 논문·기사·유튜브 세미나 등 폭넓은 자료를 빠르게 흡수 → 전문성 향상 속도가 빨라짐

③ 직장 내 기회 확대
- 회사 내부에서도 해외 지사·파트너와 교류하는 포지션에 배치될 수 있어 성장 가능성이 높아짐

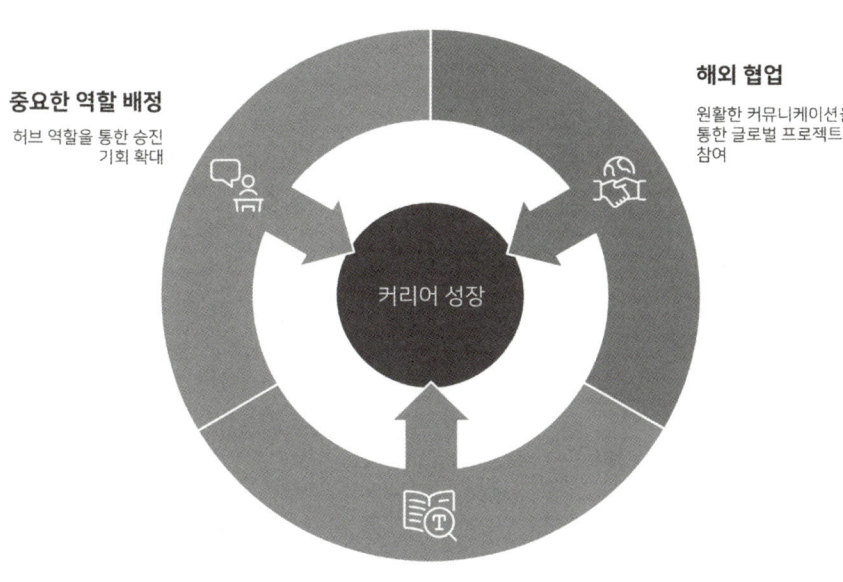

▎영어 능력이 커리어 성장에 미치는 영향 ▎

08-3 결국 영어를 즐길 때 실력이 가장 빨리 향상된다

언어는 '즐기는 순간'부터 진짜 성장이 시작

영어를 배우는 과정에서 가장 중요한 것은 단순히 시험 점수를 올리는 것이 아니라 영어를 하나의 언어로 받아들이고 즐기는 것입니다. 영어는 단순한 과목이 아니라 세상과 연결되고 더 큰 기회를 열어 주는 도구입니다. 따라서 영어를 문제집·숙제로만 대하면 어차피 오래가지 못합니다. 반면, 즐길 수 있는 요소(게임·영상·책·AI 도구)를 찾아 적극적으로 쓰는 사람들은 눈에 띄게 빠른 성장을 경험하죠. 이것이 바로 '언어다운 언어 학습'의 힘입니다.

부모에게: 조급함을 버리고 함께 탐색

- **아이 흥미 존중:** 아이가 좋아하는 만화, 게임, 스포츠를 영어로 접하게 해 주되, "이건 공부야."라는 분위기를 최소화해야 합니다.
- **함께 배우는 모습:** 부모님이 영어를 완벽하게 구사하지 못해도 틀려가며 아이와 웃고 즐기는 과정이 훨씬 가치가 큽니다.
- **장기적인 관점:** 아이가 영어를 '편하고 재미있는 언어'로 체감하면 시험·성적은 반드시 뒤따라옵니다.

학생에게: 부담 없는 루틴

- **하루 5~10분:** 학원·내신·수능 등으로 바쁜 와중에 짧게라도 해외 영상·팟캐스트를 꾸준히 듣고 관심 분야 영문 사이트를 살펴보세요.
- **단어 암기 대신 맥락:** 의미가 분명히 와닿지 않는 단어를 억지로 외우기보다는 문맥 속에서 여러 번 반복해서 접하는 쪽이 훨씬 오래 기억에 남습니다.
- **실전 대화 병행:** 디스코드, 언어 교환 앱, 화상 스터디 등을 주 1회라도 참여하면 '이게 진짜 쓰는 영어'라는 동기 부여가 됩니다.

성인에게: 커리어와 연결된 목표

- **업무 활용:** 업무 메일, 프레젠테이션, 해외 자료 분석 등에 실질적으로 쓰일 표현을 챗GPT와 연습하거나 AI 롤플레이로 자기 소개·면접 시뮬레이션을 해 보세요.
- **지적 즐거움:** 원서나 해외 칼럼 읽기를 습관화하면 교양·전문성이 함께 자랍니다.
- **글로벌 네트워크:** 해외 SNS나 행사, 세미나 참여로 인맥을 확장하면

생각보다 큰 기회가 열릴 수 있습니다.

꾸준함이 만드는 기적

영어는 하루아침에 늘지 않습니다. 그러나 매일 조금씩이라도 접하고 즐거움을 찾고 자신감을 쌓아 나가다 보면 눈에 보이지 않는 곡선이 서서히 올라갑니다. 그러다 어느 순간, 해외 친구와 농담을 주고받거나 시험에서 느긋하게 문제를 풀고 있는 자신을 발견하게 될 것입니다. 우리는 즐길 때 몰입하게 된다는 사실을 기억하셔야 합니다. 그리고 그 몰입 상태에서는 짧은 시간이어도 기억이 오래 유지됩니다. 제가 짧은 시간이라도 짬을 내 조금씩이라도 좋아하는 콘텐츠의 영어에 접근해 보라고 하는 이유가 바로 이 때문입니다.

① **작은 실천:** 자막 없이 영상 5분, 해외 커뮤니티 댓글 한 줄, 챗GPT 문장 교정 등
② **누적 효과:** 1주, 1개월, 6개월이 지나면 쌓이는 어휘·표현량이 급격히 늘어남
③ **결과:** 시험 고득점은 물론 커리어·인맥·문화 이해까지 폭발적 성장

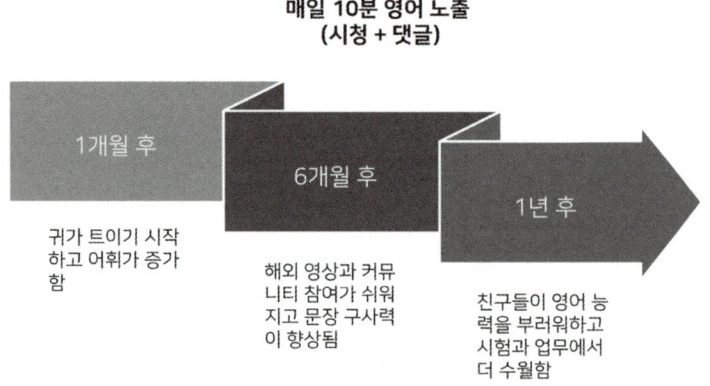

❙ 작은 노력이 만들어 내는 큰 변화 - 영어를 즐기면 미래가 달라진다. ❙

마무리: 꿈과 희망의 메시지

영어는 단순히 시험 점수를 위한 과목이 아니라 세상과 연결되고 더 큰 꿈을 꿀 수 있게 해 주는 도구입니다. 지금 당장은 어렵고 막막하게 느껴질 수도 있지만, 꾸준히 노력하면 어느 순간 놀라운 변화를 경험하게 될 것입니다.

부모님들께 드리고 싶은 말씀도 있습니다. 자녀들에게 조급함보다는 함께 즐길 수 있는 환경을 만들어 주세요. 영어를 즐겁게 접할 수 있다면

그 과정에서 자연스럽게 실력이 쌓이고 성적은 덤으로 따라오게 될 것입니다. 마지막으로 저의 자세한 토익 만점과 마스터·OPI Superior 기록과 팁은 [부록 1]에서 자세하게 다루므로 내용이 궁금하면 한번 살펴보시기 바랍니다.

핵심 요약

- 영어를 생활화하면 토익, 수능, 내신, 오픽 등 각종 시험은 자연히 따라오고 취업·비즈니스·개인 성장 기회까지 열립니다.
- 해외 정보와 인맥을 바로 활용할 수 있다는 건 현대 사회에서 엄청난 강점입니다. 남들이 못 보는 자료, 시장, 협업을 시도할 수 있어요.
- 영어는 '글로벌 무대'로 가는 열쇠입니다. 아무리 시험 성적이 좋아도 실제 소통이 되는 사람과는 격차가 크다는 걸 꼭 기억해 주세요.

직접 해 보기 8장 실천 미션!

① 영어 활용을 위한 목표 세우기

단순히 '토익 900점'과 같은 시험 목표를 넘어 실제로 영어를 어떻게 활용할 것인지 구체적인 목표를 세워 보세요. 예를 들어 '해외 자료를 활용한 프로젝트 완성하기'나 '글로벌 네트워크를 만들어 보기'와 같은 목표를 추가하면 영어 학습의 동기가 훨씬 더 강해질 것입니다.

| 개인 상황에 맞춘 목표 설정 예시 |

대학생	• '다음 방학 때 해외 기업 인턴십에 영어로 지원하고 합격하기' • '올해 안에 영어로 된 전공 원서 한 권 완독하기'
직장인	• '6개월 내에 해외 거래처와 이메일을 영어로 직접 주고받기' • '1년 안에 해외 바이어와 영어로 프레젠테이션해 보기'

이렇게 구체적인 목표가 있으면 훨씬 더 동기 부여가 됩니다.

② 나만의 영어 포트폴리오 만들기

지금부터라도 내가 영어를 언제, 어떻게 사용했는지 기록을 남겨 보세요. SNS 활동이나 블로그 글, 팀 프로젝트 참여 기록 등을 정리해 놓으면 향후 해외 취업이나 협업 기회를 잡을 때 유용한 자산이 됩니다.

| 현실적인 영어 포트폴리오 관리 방법 예시 |

개인 블로그나 노션 활용하기	• 영어로 쓴 블로그 글을 모아 'English Writing' 카테고리로 정리하기 • 노션(Notion) 페이지에 날짜별로 영어 활동 기록과 사용한 자료를 스크린샷과 함께 모으기
구글 드라이브나 클라우드에 관리하기	• 매일 사용한 영어 표현이나 과제, 업무 문서를 날짜별로 폴더에 저장하기 • 좋았던 영어 이메일이나 채팅 기록을 캡처해 정리하기

③ 꾸준한 '실전 영어 노출' 유지하기

주 몇 회라도 꾸준히 해외 콘텐츠를 보거나 해외 커뮤니티에 참여하거나 AI와 영어로 대화를 이어 나가세요. 영어는 자주 쓰지 않으면 쉽게 무뎌지기 때문에 꾸준한 실전 연습이 매우 중요합니다.

| 구체적인 주간 영어 노출 루틴 예시 |

월·수·금	• 'CNN News' 또는 'BBC Global News Podcast' 영어로 듣기 • 어려울 경우 중학생, 고등학생 편에서 다뤘던 'CNN 10', 'Easy English', '6 Minute English(BBC Learning English)'를 들어도 됩니다.
화·목·토 저녁 휴식 시간	좋아하는 영어 유튜브 영상 또는 해외 커뮤니티에서 10분 활동하기
일요일 아침	영어 원서나 전자책(e-book)을 편하게 15분 읽기

④ 지속적인 영어 노출을 위한 앱과 도구 활용하기

실제 영어 노출을 꾸준히 유지하려면 앱이나 도구의 도움을 받는 것이 훨씬 편리합니다.

| 추천하는 영어 학습 및 노출 앱 및 도구 |

퀴즐렛 (Quizlet)	단어 숙어 개념 등을 플래시 카드 형태로 학습하고 복습할 수 있는 앱입니다. 다양한 학습 모드를 제공하여 지루함 없이 학습할 수 있습니다. 사용자가 직접 플래시 카드를 만들거나 다른 사용자가 만든 플래시 카드 세트를 활용할 수도 있습니다.
케이크 (Cake)	짧은 영어 회화 영상을 통해 실생활에서 자주 사용되는 표현을 배울 수 있는 앱입니다. 섀도잉 기능, 받아쓰기 기능 등을 통해 스피킹(Speaking)과 리스닝(Listening) 실력 향상에 도움을 줍니다.
듀오링고 (Duolingo)	게임처럼 재미있게 영어를 학습할 수 있는 앱입니다. 다양한 레벨의 코스를 제공하며 듣기, 말하기, 읽기, 쓰기 연습을 모두 할 수 있습니다.
안키 (Anki)	스페이스드 리피티션(Spaced Repetition) 알고리즘을 사용하여 암기 효율을 극대화하는 플래시 카드 앱입니다. 잊을 만하면 다시 등장하는 방식으로 장기 기억에 도움을 줍니다.

내 경험으로 정리한 꿀팁들

부록 · 1

필자의
'토익 그랜드슬래머 마스터' 이야기

영어를 공부하면서 저는 단순히 시험 점수를 목표로 하지 않았습니다. 영어는 저에게 '놀이'였고 '친구들과의 대화'였으며 '세상과 연결되는 도구'였습니다. 이 모든 과정에서 저는 영어를 즐기며 배웠고 그 결과 토익 만점(990점), 토익 스피킹 최고 등급(AH), 토익 라이팅 최고 등급(AH) 그리고 OPI Superior 등급까지 달성할 수 있었습니다. [부록 1]에서는 제가 이러한 성과를 이루기까지의 과정을 두 가지 주요 스토리로 나눠 소개하겠습니다.

1 스토리 ①: 965점 지옥과 만점의 도약

중학교 2학년 여름방학, 저는 아무런 준비 없이 첫 토익 시험을 보았습니다. 저는 유학 경험도 없고 영어 학원도 다녀 본 적이 없으며 토익이 뭔지도 몰랐고 토익 문제집도 없었으며 인강 같은 것도 본 적이 없었습니다. 그저 게임을 즐기며 그 게임에서 알게 된 외국 친구들과 영어로 소통하고 유튜브도 영어 콘텐츠로 보는 게 전부였습니다.

결과는 965점…. 처음에는 이 점수가 얼마나 높은지 잘 몰랐습니다. 그런데 인터넷을 검색해 보니 대학생들도 몇 달씩 공부해야 받을 수 있는 점수라는 것을 알게 됐습니다. 하지만 여기서 멈추지 않았습니다. 이후 세 번 더 시험을 봤지만, 결과는 계속 965점! 마치 '965점 지옥'에 갇힌 것 같았습니다.

• 문제는 무엇이었을까?

고득점까지는 영어 실력만으로 충분했지만, 만점을 받으려면 시험 유형에 대한 이해와 전략적인 접근이 필요했습니다. 당시 시험공부라는 걸 제대로 안 해 봤던 저는 '오답 노트'라는 개념을 알게 됐고 그래서 저는 틀린 문제의 오답 노트를 정리하고 파트별로 어떻게 대응할지 패턴을 분석하기 시작했습니다.

• 결국 만점을 받다

중학교 검정고시가 끝나고 나서야 시간을 내어 오답 노트를 정리했습니다. 네 번째 시험에서는 990점 만점을 받았습니다. 저는 이 경험을 통해 다음과 같은 사실을 깨달았습니다.

'기초 실력이 탄탄하면 약간의 전략만 더해도 만점은 어렵지 않다.'

▶ 2 스토리 ②: 토익 스피킹 라이팅과 OPI Superior

토익 만점을 받은 후에도 저의 도전은 멈추지 않았습니다. 토익 스피킹(말하기)과 라이팅(쓰기)에도 도전했습니다.

① 토익 스피킹: 환경이 중요하다

저는 첫 토익 시험 한 달 후 할인 쿠폰을 받은 김에 시험을 봤습니다. 아마 지금도 토익 시험을 보면 '토익 스피킹 응시 할인권'이 지급되는 걸로 알고 있습니다. 아무튼 이때도 첫 토익 시험 때와 마찬가지로 시험 자체를 대수롭지 않게 생각했습니다. 시험 장소도 집에서 10분 거리인 동네의 컴퓨터 학원이었습니다. 결과는 AL(Advanced Low)!

이 AL 점수도 쉽지 않은 결과라는 걸 인터넷 검색을 통해 알게 됐습니다. 그리고 몇 달 후 두 번째 시험에 도전했습니다. 두 번째 시험에서는 점수가 오르긴 했지만 AM(Advanced Mid)이라는 조금 아쉬운 결과가 나왔습니다. 문제는 시험장의 환경이었습니다.

저는 실력만 있다면 상관없다고 생각하고 첫 번째 시험과 마찬가지로 두 번째 시험도 집에서 도보 10분 거리인 동네 컴퓨터 학원에서 시험을 봤습니다. 하지만 칸막이 시설도 제대로 안 된 소음이 심한 곳에서 시험을 봤기 때문에 실력을 제대로 발휘하지 못했다고 생각합니다. 물론 이건 제 성향과도 관련이 있는 것 같습니다. 이후 '시험 명당'이라고 알려진 '강서 CBT 센터'에서 다시 시험을 봤고 드디어 만점(200점)을 받을 수 있었습니다.

② 토익 라이팅: 챗GPT의 도움

토익 라이팅은 시험 자체가 생소하신 분들도 있으실 겁니다. 이 시험은 토익, 토익 스피킹과 달리 자주 시험이 있지 않은 데다 시험 장소 역시 제한적입니다. 오죽하면 사람들이 "토익 라이팅은 수요가 그리 많지 않아서인지 시험장이 큰 도시에 하나씩 있는 듯?"이라고 말합니다.

제 경우에는 라이팅 시험에서 에세이 작성(Write an opinion essay)은 오히려 쉬웠는데 업무 관련 이메일 작성 파트(Respond to a written request)가 어려웠습니다. 대부분은 이메일을 쉬워하고 에세이를 어려워합니다. 저는 비즈니스 이메일 형식이 아예 감이 오지 않았습니다. 업무라는 걸 해 본 적이 없었으니까요. 한 가지 재미있는 사실은 이메일 관련 내용을 대학의 라이팅(Writing) 수업 시간에 배운다는 것이었습니다.

아무튼 회사 업무 영어 이메일 작성 경험이 없었던 저는 챗GPT를 활용해 템플릿을 익히고 연습했습니다. 그리고 첫 번째 시험에서는 AM(Advanced Mid) 등급이 나왔지만, 이후 챗GPT로 이메일 템플릿을 만들어 업무 이메일 형식을 집중적으로 학습했습니다. 토익 라이팅은 컴퓨터 기반 시험(CBT)으로, 키보드 타이핑 소리가 많이 거슬릴 수 있는데 저는 귀마개를 챙겨 가서 감독관에게 허락을 받은 후 사용했습니다.

그 덕분에 토익 라이팅 두 번째 시험에서 AH(Advanced High)를 받으며 최고 등급에 도달할 수 있었습니다. 토익 라이팅은 ETS의 상관관계 연구를 통해 성적표에 'ACTFL' 등급을 제공하고 있는데, AH는 이 등급 체계 내에서 매우 우수한 수준을 의미합니다.

③ OPI Superior: 높은 수준의 스피킹에 도전

요즘 취업을 준비 중인 사람은 오픽이라는 시험을 많이 봅니다. 그리고 오픽의 최고 등급인 AL만 받아도 만족합니다. 하지만 저는 '왜 최고 등급이 AL(Advanced Low)이지?'라는 의문을 가졌습니다. 그러다가 그 위의 상위 시험이 있다는 것을 알고 그 상위 시험인 OPI(Oral Proficiency Interview) 시험에 도전했습니다.

오픽(OPIc)과 오피아이(OPI)의 차이는 컴퓨터로 테스트하느냐, 사람이 테스트하느냐입니다. 오피아이는 미국 인증 평가자와 30~40분간 각종 이슈로 토론하듯이 통화하는 시험입니다. 저는 미국 대선, 경제 이슈 등 시사적인 주제를 정리하고 챗GPT로 연습하며 준비했습니다. 면접관과의 대화에서는 트럼프 전 대통령의 혐오 발언과 관동 대지진 당시 조선인 학살 사건을 연결지어 논리적으로 설명하며 설득했습니다. 결과는 최고 등급인 Superior!

ACTFL 평가 기준에 따르면 OPI Superior 등급은 '의견을 지지하고 가설을 세우며 주제에 대해 구체적이고 추상적으로 논의할 수 있으며 언어적으로 익숙하지 않은 상황도 다룰 수 있는' 수준입니다. 이는 유럽 공통 언어 평가 기준 CEFR의 C2(최고급)에 해당하는 수준으로, '본질적으로 원어민 수준'이며 '어떤 주제에 대해서도 모든 유형의 읽기와 쓰기가 가능하고 감정과 의견의 미묘한 표현이 가능한' 수준이라고 합니다.

여러분도 충분히 가능합니다!

저는 특별한 환경에서 자라지 않았습니다. 유학 경험도 없고 학원에 다닌 적도 없습니다. 하지만 매일 꾸준히 영어를 생활 속에서 사용하며 즐겼기 때문에 이런 결과를 얻을 수 있었습니다.

부록 · 2

연령별 추천 영어 콘텐츠
(미디어 커뮤니티, 유튜브, 게임)

영어를 배우는 가장 좋은 방법은 흥미를 느끼는 콘텐츠를 통해 자연스럽게 노출되는 것입니다. [부록 2]에서는 초등학생부터 성인까지 각 연령대와 수준에 맞는 추천 미디어 유튜브 채널, 커뮤니티, 게임 등을 소개합니다. 영어를 공부가 아닌 놀이로 접근할 수 있도록 돕는 도구들입니다.

구분	웹 사이트	설명
Bounce Patrol-Kids Songs	https://www.youtube.com/@bouncepatrol	활기찬 음악과 춤으로 파닉스를 가르치는 채널입니다. 특히 활발한 학습 스타일을 선호하는 아이들에게 적합합니다.
Alphablocks	https://www.youtube.com/@officialalphablocks	영국 BBC에서 제작한 프로그램으로, 알파벳 글자들이 캐릭터로 등장하여 파닉스를 가르칩니다.
Jack Hartmann Kids Music Channel	https://www.youtube.com/@JackHartmann	노래와 춤을 통해 파닉스를 재미있게 배울 수 있습니다.
Have Fun Teaching	https://www.youtube.com/@havefunteaching	알파벳과 단어 학습에 중점을 둔 채널로, 각 글자에 대한 노래를 제공합니다.
Miss Molly	https://www.youtube.com/@MissMollyLearning	차분한 분위기에서 알파벳과 단어군을 가르치는 채널입니다. 시각적 학습을 돕는 그림과 함께 단어를 보여 주는 방식을 사용합니다.

▌파닉스를 배우기 좋은 유튜브 채널 ▌

1 초등학생 추천 콘텐츠

① 유튜브 채널

<영유아~초등 저학년(1~2학년)>

- Cocomelon: 영어 동요와 애니메이션
- Super Simple Songs: 쉽고 재미있는 영어 노래
- Alphablocks: 알파벳과 파닉스 학습
- Numberblocks: 숫자와 기초 수학 개념
- ChuChu TV: 교육적인 노래와 애니메이션
- Blippi: 교육적이고 재미있는 실험과 체험
- PBS KIDS: 다양한 교육 프로그램과 게임
- Daniel Tiger's Neighbourhood: 사회성 발달을 돕는 애니메이션
- Storyline Online: 유명 배우들이 어린이 도서를 낭독

<초등 중학년(3~4학년)>

- Science Max: 과학 실험과 설명
- TheDadLab: 집에서 할 수 있는 과학 실험
- Art for Kids Hub: 그림 그리기 튜토리얼
- TED-Ed: 다양한 주제의 교육 애니메이션
- Peekaboo Kidz: 과학, 역사, 지리 등 다양한 주제
- Be Smart: 과학, 역사, 문화 등 교육 콘텐츠

<초등 고학년(5~6학년)>

- Kurzgesagt: 과학, 철학, 사회 등 다양한 주제의 애니메이션

- Mark Rober: 창의적인 과학 프로젝트와 실험
- V-sauce: 흥미로운 과학적 질문과 설명
- TED-Ed: 더 깊이 있는 주제의 교육 애니메이션
- It's AumSum Time: 과학적 개념을 재미있게 설명하는 애니메이션

② 앱
- Lingokids: 아이들을 위한 영어 학습 앱으로, 게임과 노래를 통해 단어와 문장을 배울 수 있음
- Endless Alphabet: 알파벳과 단어의 의미를 귀여운 애니메이션으로 설명

③ 게임
- Minecraft Education Edition: 영어로 게임을 진행하며 간단한 지시사항과 대화를 자연스럽게 익힐 수 있음
- Toca Life World: 다양한 상황에서 영어 표현을 배울 수 있는 창의적인 게임

2 중학생 추천 콘텐츠

① 유튜브 채널
- CrashCourse(교육): 과학, 역사, 문학 등 다양한 주제를 다루며 흥미와 학습을 동시에 충족
- RealLife English: 실생활에서 바로 사용할 수 있는 영어 표현과 발음 팁 제공

- English Addict with Mr Steve: 재미있는 주제로 영어를 배우며 듣기 실력을 키울 수 있음

② 커뮤니티
- 레딧(Teenagers, Learn English): 관심 있는 주제의 서브레딧에서 글을 읽고 댓글을 달며 영어로 소통
- 디스코드(Language Exchange): 언어 교환 서버에 참여해 외국 친구들과 대화하며 실전 감각 익히기

③ 게임
- Among Us: 간단한 영어 대화로 팀워크를 이루며 추리 게임 진행
- Roblox: 다양한 게임 커뮤니티에서 외국 친구들과 채팅하며 자연스럽게 영어 사용

3 고등학생 추천 콘텐츠(대학생, 성인들에게도 추천)

① 유튜브 채널
- BBC Learning English: 뉴스와 일상 표현을 활용한 고급 영어 학습 채널
- TED-Ed: 짧고 흥미로운 강연으로 독해와 듣기 실력 향상
- Kurzgesagt: In a Nutshell: 과학적 주제를 시각적으로 설명하며 어휘력 확장에 도움

② 팟캐스트
- The Daily(뉴욕타임스): 시사와 관련된 주제를 다루며 고급 어휘와 표현 학습 가능
- Six Minutes: 스토리텔링 형식으로 진행되는 팟캐스트. 이해하기 쉽고 재미있음

③ 커뮤니티 및 앱
- HelloTalk: 외국 친구들과 언어 교환을 하며 실시간으로 문법 교정 받기
- Tandem: 외국인과의 텍스트 및 음성 대화를 통해 말하기와 듣기 연습

4 대학생·성인 추천 콘텐츠

① 유튜브 채널
- Vox: 시사와 문화적 맥락을 다루며 깊이 있는 영어 학습 가능
- Business Insider: 경제와 비즈니스 관련 콘텐츠로 전문 어휘 확장
- OverSimplified: 재미있는 역사적 사건을 통해 듣기와 독해 실력 향상
- Bob the Canadian: 일상 대화에서 자주 사용되는 실용적인 표현

② 팟캐스트 및 오디오북
- How I Built This(NPR): 창업가들의 이야기를 통해 비즈니스 영어 학습 가능
- Audible Originals: 다양한 장르의 오디오북으로 듣기 능력 강화

③ 커뮤니티 및 SNS 활용법
- LinkedIn Learning: 비즈니스 영어와 프레젠테이션 스킬을 강화하기 위한 강좌 제공
- Medium.com: 관심 있는 주제의 글을 읽고 간단히 댓글을 달며 독해와 쓰기 연습

구분	설명
Mark Rober	NASA 엔지니어 출신인 마크 로버(Mark Rober)가 기발한 프로젝트를 통해 과학을 쉽게 풀어 냅니다. 청솔모를 막기 위해 장애물 코스를 설계하거나 '반짝이 폭탄'으로 택배 절도범을 잡는 실험 영상이 대표적인 예입니다. 과학적 원리를 재미있게 배울 수 있는 채널로, 요즘 한국어 더빙이 지원되지만 원어 그대로 보는 것을 추천합니다.
Kurzgesagt-In a Nutshell	우주론, 생물학, 환경 문제 같은 주제를 애니메이션으로 풀어 냅니다. 영상의 퀄리티가 뛰어나고 영어 내레이션이 명확해 초보자도 이해하기 쉽습니다.
Oversimplified	제가 추천하는 채널입니다. 가볍고 유머러스한 방식으로 프랑스 혁명, 미국 독립 전쟁 등을 다룹니다. 애니메이션과 간단한 설명으로 이루어져 있어 초보자도 쉽게 이해할 수 있습니다. 영어가 비교적 쉬운 편이라 역사와 영어를 동시에 배울 수 있는 훌륭한 채널입니다. 제가 가장 많이 본 유튜브 중 하나입니다.
History Matters	짧고 간결한 애니메이션으로 역사적 사건과 인물을 다룹니다. 예를 들어 베를린 장벽 붕괴의 배경이나 냉전의 주요 사건을 간단히 설명하면서도 깊이 있는 통찰을 제공합니다.

▮ 연령 무관! 정말 추천하는 유튜브 ▮

　아이들의 영어 학습 및 독서 습관 형성에 도움을 줄 수 있는 유용한 정보들을 엄선하여 정리했습니다. 아이의 연령, 수준, 흥미에 맞춰 자유롭게 활용해 보세요.

구분	특징	장점
Khan Academy Kids (https://khankids.org)	2~8세 어린이를 위한 무료 교육 앱입니다.	• 읽기, 수학, 사회 정서 학습 등 다양한 콘텐츠를 제공합니다. • 재미있는 게임과 활동을 통해 학습 효과를 높입니다. • 광고 없이 안전한 학습 환경을 제공합니다.
Oxford Owl (https://www.oxfordowl.co.uk)	3~11세 어린이를 위한 무료 이북 라이브러리입니다.	• 연령별, 레벨별로 다양한 이북(e-Book)을 제공합니다. • 파닉스 학습을 위한 자료를 제공합니다. • 부모님을 위한 학습 지원 자료와 조언을 제공합니다.
International Children's Digital Library (http://www.childrenslibrary.org)	전 세계 어린이들을 위한 디지털 도서관입니다.	• 다양한 언어로 된 어린이 책을 무료로 제공합니다. • 연령대별, 주제별 도서 검색이 가능합니다. • 다양한 문화권의 그림책을 접할 수 있습니다. • 회원 가입 없이 이용할 수 있습니다.
Unite for Literacy (https://www.uniteforliteracy.com)	초보 영어 학습자를 위한 그림책을 제공합니다.	• 영어 오디오를 지원합니다. • 간단하고 반복적인 어휘를 사용하여 영어 학습을 시작하는 아이들에게 적합합니다. • 다양한 주제의 그림책을 제공합니다. • 책을 읽어 주는 속도를 조절할 수 있습니다.
Open Library (https://openlibrary.org)	인터넷 아카이브에서 운영하는 디지털 도서관입니다.	• 고전 문학부터 최신 베스트셀러까지 다양한 장르의 책을 무료로 대여할 수 있습니다. • 회원 가입 후 이용할 수 있습니다. • 무료 오디오북도 제공합니다.
PBS KIDS (https://pbskids.org/)	PBS에서 제공하는 어린이 교육 콘텐츠입니다.	• 다양한 교육용 게임, 비디오, 활동지를 제공합니다. • 친근한 캐릭터와 함께 즐겁게 학습할 수 있습니다.

구분	특징	장점
LearnEnglish Kids (https://learnenglishkids.britishcouncil.org)	영국 문화원에서 제공하는 어린이 영어 학습 웹 사이트입니다.	• 노래, 이야기, 게임 등 다양한 콘텐츠를 통해 영어를 학습할 수 있습니다. • 무료로 이용할 수 있습니다.
Funbrain (https://www.funbrain.com)	유아부터 초등 저학년까지 다양한 연령대의 아이들을 위한 무료 교육 게임과 책, 만화, 비디오를 제공합니다.	• 수학, 읽기, 문제 해결 능력을 개발하는 수백 가지 게임을 제공합니다. • 집과 학교 모두에서 즐겁고 안전한 경험을 제공합니다.
Freckle (https://www.freckle.com)	3세 이상의 아이들을 위한 수학과 영어 학습을 개인화된 목표 설정으로 지원합니다.	• 참여에 따른 인센티브와 연령에 맞는 디자인으로 재미와 학습의 균형을 제공합니다. • 무료 계정으로도 일부 콘텐츠를 이용할 수 있습니다.
CELLA alive! (https://www.cellsalive.com)	교육 및 의학 연구를 위한 살아 있는 세포와 유기체의 필름 및 이미지를 제공합니다.	• 퍼즐과 게임 등을 통해 재미있게 학습할 수 있습니다. • 매년 업데이트되는 콘텐츠를 제공합니다.
Educandy (https://www.educandy.com)	대화형 학습 게임을 만들고 고유 코드를 생성하여 아이들이 다양한 장치에서 플레이할 수 있도록 합니다.	• 여덟 가지 유형의 게임을 생성할 수 있습니다. • 무료 계정을 통해 리소스 뱅크를 구축할 수 있습니다.
Little Alchemy 2 (https://littlealchemy2.com)	원소가 결합될 때 생겨나는 일을 아이들이 재미있게 습득할 수 있는 게임입니다.	• 아이템을 찾도록 도전하는 게임으로 모든 아이템은 간단한 설명을 포함합니다. • 웹 사이트, iOS, 안드로이드 기기에서 사용할 수 있습니다.

구분	특징	장점
National Geographic Kids (https://kids.nationalgeographic.com)	동물과 자연에 대한 관심을 유도하는 비디오, 게임 등을 제공합니다.	• 고품질의 무료 콘텐츠와 집에서 시도할 수 있는 실험을 제공합니다. • 7~13세 아이들에게 적합합니다.

▍기타 무료 도서 및 학습 자료 ▍

5 전 연령 공통 추천 게임

- Duolingo English Test Practice Game Mode: 재미있는 퀴즈 형식으로 어휘력 강화 가능
- The Sims 4: 캐릭터 간의 대화를 통해 생활 속 표현 익히기

6 활용 팁: 어떻게 시작할까?

- 관심 분야 선택하기: 자신이 좋아하는 스포츠, 영화, 게임 등 흥미 있는 주제를 중심으로 콘텐츠를 선택하세요.
- 짧은 시간부터 시작: 처음에는 하루 10분씩만 시청하거나 참여하며 부담 없이 시작하세요.
- AI 활용 병행: 챗GPT에 "이 영상에서 나온 주요 표현 알려 줘."라고 요청하거나 모르는 문장을 입력해 교정받으세요.
- 소통 참여: 댓글 달기나 간단한 메시지 보내기로 사람들과 소통하며 자신감을 키워 보세요.

부록 · 3

렉사일 지수별 추천 원서 목록
- 수준에 맞는 영어책 선택 가이드

렉사일 지수는 영어 원서를 선택할 때 매우 유용한 도구입니다. 독자의 독해 능력과 텍스트의 난이도를 수치화하여 적절한 난이도의 책을 선택할 수 있도록 도와줍니다. [부록 3]에서는 렉사일 지수를 기준으로 단계별 추천 원서 목록과 활용 팁을 정리했습니다.

렉사일 지수란?

렉사일 지수는 크게 두 가지로 나뉩니다.

1. **독자 렉사일 지수**: 독자의 현재 독해 능력을 나타냅니다.
2. **텍스트 렉사일 지수**: 책이나 글의 난이도를 나타냅니다.

예를 들어 독자의 렉사일 지수가 800L이라면 750~850L 사이의 책이 적합합니다. 이 범위를 벗어나면 너무 쉽거나 어려워 흥미를 잃을 가능성이 높습니다.

1 렉사일 지수별 추천 원서

① 200~500L(초등학교 저학년 수준)
- Brown Bear, Brown Bear, What Do You See? by Bill Martin Jr.(200L)
- The Very Hungry Caterpillar by Eric Carle(460L)
- Frog and Toad Are Friends by Arnold Lobel(400L)
- Amelia Bedelia by Peggy Parish(460L)

② 500~700L(초등학교 고학년 수준)
- Charlotte's Web by E.B. White(680L)
- Diary of a Wimpy Kid by Jeff Kinney(950L, 일부 챕터는 쉬움)
- Magic Tree House 시리즈 by Mary Pope Osborne(~600L)
- The Tale of Despereaux by Kate DiCamillo(670L)

③ 700~900L(중학교 수준)
- Harry Potter and the Sorcerer's Stone by J.K. Rowling(880L)
- Wonder by R.J. Palacio(790L)
- Percy Jackson and the Olympians: The Lightning Thief by Rick Riordan(740L)
- Holes by Louis Sachar(660L)

④ 900~1,100L(고등학교 수준)
- To Kill a Mockingbird by Harper Lee(870L)

- The Hunger Games by Suzanne Collins(810L)
- The Giver by Lois Lowry(930L)
- Animal Farm by George Orwell(1170L, 일부 챕터는 고난도)

⑤ 1100L 이상(대학생 및 성인 수준)
- Pride and Prejudice by Jane Austen(1100L)
- 1984 by George Orwell(1090L)
- The Great Gatsby by F. Scott Fitzgerald(1070L)
- Sapiens: A Brief History of Humankind by Yuval Noah Harari (~1200L)

2 렉사일 지수 활용 팁

① 현재 렉사일 지수 확인하기
- 렉사일 공식 웹 사이트(www.lexile.com)에서 간단한 독해 테스트를 통해 자신의 렉사일 지수를 확인할 수 있습니다.
- 토플 주니어(TOEFL Junior) 성적표에 렉사일 지수가 포함된 경우, 이를 참고하세요.

② 책의 렉사일 지수 검색하기
- 아마존이나 렉사일 공식 웹 사이트에서 원하는 책의 렉사일 지수를 검색할 수 있습니다.

③ i+1 접근법 적용하기
- 자신의 렉사일 지수보다 약간 높은(+1) 난이도의 책을 선택하세요. 예를 들어 800L인 독자는 850L 정도의 책에 도전하면 적당히 어렵지만 완독 가능한 수준입니다.

④ AI 활용하기
- 챗GPT에 "이 책의 난이도가 어느 정도인지 평가해 줄 수 있나요?"라고 물어보거나 모르는 단어와 문장을 즉시 해석받아 독서를 이어 나갈 수 있습니다.

3 원서 읽기 전략

① 단어 전부 외우지 않기
- 모르는 단어가 나올 때마다 사전을 찾지 말고 문맥 속에서 의미를 유추하세요.
- 정말 자주 나오는 단어만 메모하고 나중에 복습하세요.

② 짧은 분량부터 시작하기
- 하루에 한 챕터씩 읽으며 부담을 줄이고 점차 분량을 늘려 보세요.

③ 필사의 힘 활용하기
- 마음에 드는 문장을 필사하며 문장 구조와 표현을 익히세요.

④ 요약 연습하기
- 읽은 내용을 간단히 요약하며 독해력과 쓰기 실력을 동시에 키우세요.

4 연령별 추천 원서

연령대	추천 원서
초등 저학년	Brown Bear, Brown Bear, What Do You See?, Frog and Toad Are Friends
초등 고학년	Charlotte's Web, Magic Tree House, Diary of a Wimpy Kid
중학생	Harry Potter, Percy Jackson, Wonder, Holes
고등학생	To Kill a Mockingbird, The Hunger Games, Animal Farm
대학생·성인	1984, Pride and Prejudice, Sapiens, The Great Gatsby

제가 실제로 읽었던 책들
- Fly Guy 시리즈(380~530L)
- Oxford Reading Tree(ORT) 시리즈(정확한 렉사일 지수 정보 없음)
- Winnie the Witch(560L)
- Froggy 시리즈(300~560L)
- Henry and Mudge(정확한 렉사일 지수 정보 없음)
- Roald Dahl의 여러 작품(560~810L)
- Captain Underpants(720~850L)
- Wayside School(440~630L)
- Arthur 시리즈(340~500L)
- Magic School Bus(400~600L)

- The Magic Key(정확한 렉사일 지수 정보 없음)
- Magic Tree House(300~590L)
- My Weird School(정확한 렉사일 지수 정보 없음)
- Geronimo Stilton(530~750L)
- Horrid Henry 시리즈(500~600L)
- Curious George(200~540L)
- Diary of a Wimpy Kid(950~1060L)

▶ 5 참여 활동: 오늘부터 시작하기

① 자신의 렉사일 지수를 확인한 후 그에 맞는 원서를 한 권 골라 보세요.

② 하루 한 챕터씩 읽으며 모르는 단어는 문맥 속에서 유추해 보세요.

③ 읽은 내용을 간단히 요약하거나 인상 깊었던 문장을 필사해 보세요.

부록 · 4

부모님을 위한
실전 영어 교육 가이드

아이의 영어 실력을 키우는 데는 반드시 '엄마표 영어'만이 정답은 아닙니다. 부모가 적극적으로 개입하는 것도 중요하지만, 모든 부모가 완벽한 영어 환경을 조성할 수는 없습니다. 다행스럽게도 영어 학습에는 다양한 방법이 있고 부모가 영어를 잘하지 못해도 아이가 효과적으로 영어를 익힐 수 있습니다.

단, 반드시 기억해야 할 점은 이 모든 방법을 실행할 때 스트레스를 받지 않는 것이 중요하다는 것입니다. 영어 학습이 부담이 되면 부모도 아이도 쉽게 지치게 됩니다. 스트레스를 받지 않는 범위 내에서 자연스럽게 실천하는 것이 핵심입니다. [부록 4]에서는 부모가 자녀의 영어 학습을 도울 수 있는 실전 팁을 정리했습니다.

1 영어 환경 만들기: 부모가 쉽게 실천할 수 있는 다섯 가지 방법

아이들이 자연스럽게 영어에 노출될 수 있도록 다음과 같은 방법을 실천해 보세요.

영어 환경을 만드는 다섯 가지 실천법
① 일상에서 영어를 자연스럽게 접하게 하라
　집안 곳곳에 영어 문구를 붙이거나 간단한 영어 표현을 사용하는 습관을 길러 주세요.
　예 "Good morning!", "Let's eat!", "Time to go!"

② 아이의 관심사를 영어로 연결하라

아이가 좋아하는 애니메이션, 게임, 유튜브 콘텐츠를 영어로 즐길 수 있도록 유도하세요.

예 마인크래프트를 영어로 플레이하기, 디즈니 애니메이션 영어 더빙으로 보기

③ 영어 듣기 습관을 길러라

아침 준비 시간, 등하굣길, 자기 전 등 하루의 짧은 시간에 영어 오디오북이나 팟캐스트를 들어 주세요.

예 유아용으로 The Gruffalo, 초등용으로 The Magic Tree House, 중고등용으로 BBC Learning English

④ 아이와 함께 영어로 소통해 보라

부모가 영어를 완벽하게 구사하지 않아도 괜찮습니다. 간단한 문장으로 아이와 소통하는 것만으로도 큰 도움이 됩니다. 만약 부모님이 부담스러우시면 하지 않아도 상관없습니다.

예 "What color is this?" → "It's blue!"

⑤ 아이의 영어 성장을 긍정적으로 격려하라

영어 실력이 느는 속도는 아이마다 다릅니다. 실수를 지적하기보다는 잘한다고 칭찬해 주시고 긍정적인 반응을 보여 주세요.

2 '엄마표 영어'가 아니어도 괜찮다: 다양한 영어 학습 방법

모든 가정에서 엄마표 영어를 실천할 수 있는 것은 아닙니다. 그 대신 다양한 방법으로 아이들의 영어 실력을 키울 수 있습니다.

부모가 활용할 수 있는 영어 학습법 다섯 가지

① 학원 및 온라인 강의 활용하기

학원과 인강을 활용하되, 문제 풀이식 강의보다는 영어를 실제로 사용하게 하는 학습법을 선택하세요.

예 영어 회화 중심 학원, 1:1 원어민 튜터, AI 챗봇과의 영어 대화 연습

② AI(챗GPT)를 활용한 영어 학습

- 아이가 챗GPT와 대화하면서 실시간 피드백을 받을 수 있도록 유도하세요.
- 영어 프롬프트 활용이 더 효과적입니다.
- 영어로 직접 지시하면 AI가 좀 더 정확한 영어 표현을 사용합니다.

활용예시

- (한글 프롬프트) "내가 영어 일기를 썼는데 교정해 줘."라고 요청
- (영어 프롬프트) "Can you correct my English diary entry below?"
- (한글 프롬프트) "영어로 짧은 대화를 나누고 싶어."라고 입력해서 실전 연습
- (영어 프롬프트) "Let's have a short conversation in English about [topic]."
- (영어 프롬프트) "Please give me feedback on my English writing, focusing on grammar and natural expressions."

> **중요 포인트**
> 가능하면 영어 프롬프트를 사용하세요. 영어로 지시할 때 AI는 학습자에게 적합한 영어 표현과 어휘를 사용하여 응답합니다. 이는 실제 영어 환경에서의 의사소통 능력을 더욱 효과적으로 향상시키는 데 도움이 됩니다.

③ 영어 독서 습관 들이기
- 초등 저학년: 그림책 → 쉬운 챕터 북 → 스토리가 있는 소설 순으로 진행
- 중·고등학생: 교과서와 비슷한 내용의 뉴스나 에세이 읽기

  TIP 아이가 좋아하는 주제의 책을 선택하면 부담 없이 시작할 수 있음

④ 영어 영상 및 오디오 활용하기
- 미드, 영화, 애니메이션을 '영어 자막 → 무자막' 순서로 시청하며 자연스럽게 익히기
- 영어 오디오북 듣기 및 받아쓰기 훈련

⑤ 일상에서 짧은 영어 사용 습관 들이기
- 하루 5분이라도 영어로 짧은 글을 쓰거나 한 문장을 말하는 습관을 들이세요.

  예 오늘 하루를 한 문장으로 영어로 적어 보기

아이의 영어 실력을 키우기 위해 반드시 완벽한 '엄마표 영어'를 해야 한다는 부담감을 내려 놓으세요. 영어 학습에는 다양한 방법이 있으며 부모가 할 수 있는 역할은 무궁무진합니다. 중요한 점은 어떤 방법이든 꾸준

히 영어에 노출되는 습관을 들이는 것입니다. 지금 바로 실천할 수 있는 작은 습관부터 시작해 보세요.

'엄마표 영어'에 대한 가장 큰 오해

많은 부모님께서 '엄마표 영어'는 엄마나 아빠가 영어를 유창하게 해야만 가능하다고 생각하며 부담을 느끼십니다. 물론, 부모가 영어를 잘해서 자연스러운 사용 환경을 만들어 준다면 더할 나위 없이 좋겠지만, 그것은 '충분 조건'일 뿐 '필수 조건'은 절대 아닙니다.

세계적인 언어학자 스티븐 크라센 교수의 '이해 가능한 입력(Comprehensible Input)' 가설은 이 오해를 명쾌하게 풀어 줍니다. 그의 이론에 따르면, 아이들은 언어를 '학습'하는 것이 아니라 '습득'합니다. 그리고 이 습득 과정의 핵심은 자신의 현재 수준보다 약간 높은(i+1) 수준의 의미 있는 언어 정보에 지속적으로 노출되는 것입니다. 여기서 가장 중요한 점은 그 '입력'의 제공자가 반드시 부모일 필요는 없다는 사실입니다.

부모의 진짜 역할은 '영어 교사'가 아닌 '환경 설계자'

스티븐 크라센은 또한 '정의적 필터(Affective Filter)'라는 개념을 통해 아이가 불안하거나 스트레스를 받으면 언어 습득의 효율이 급격히 떨어진다고 강조했습니다. 즉, 부모의 역할은 완벽한 발음으로 영어를 가르치는 '영어 교사'가 아니라 아이가 정서적으로 안정되고 즐거운 상태에서 양질의 영어 콘텐츠(오디오북, 애니메이션, 그림책 등)를 만날 수 있도록 돕는 '환경 설계자'이자 '조력자'인 것입니다. 부모님의 영어 실력에 상관없이 아이의 흥미를 존중하고 긍정적인 분위기를 만들어 주는 것이야말로 수십 권의 문법책보다 효과적인 '최고의 엄마표 영어'입니다.

부 록 · 5

AI 활용
영어 학습 꿀팁

　AI 도구는 영어 학습에 있어 강력한 도구로 자리 잡았습니다. 특히 챗GPT와 같은 대화형 AI는 작문 교정, 문제 생성, 학습 로드맵 설계 등 다양한 방식으로 활용할 수 있습니다. [부록 5]에서는 AI를 활용한 영어 학습의 구체적인 테크닉과 효율적인 프롬프트 작성법을 중심으로 AI를 통해 영어 공부를 극대화하는 방법을 소개합니다.

1 AI로 문제를 사진 찍어 학습시키기

　챗GPT에는 이미지를 인식하여 전사(받아쓰기)하는 기능이 기본적으로 탑재되어 있습니다. 이를 활용하면 단순히 텍스트를 입력하여 질문하고 답하는 것을 넘어 이미지를 활용한 학습에도 유용합니다. 특히 시험 문제나 교재 내용을 사진으로 찍어 AI에 입력하면 이를 기반으로 다양한 학습 자료를 생성할 수 있습니다.

활용 방법

① 문제 입력 및 유형 분석

- 문제를 사진으로 찍어 챗GPT에 업로드합니다.

  프롬프트 "당신은 [과목]의 전문가입니다. 이 문제를 분석해 주고 이와 같은 형식으로 비슷한 유형의 문제를 n개 만들어 주세요."

  예 "당신은 고등학교 수학 전문가입니다. 이 문제를 분석해 주고 이와 같은 형식으로 비슷한 유형의 문제를 20개 만들어 주세요."

- 챗GPT가 문제의 핵심 포인트를 분석하고 비슷한 문제를 생성해 줍니다.

② 오답 노트 생성

- 틀린 문제를 사진으로 찍어 올립니다.

  프롬프트 "당신은 [과목]의 전문가입니다. 이 문제 정답을 나는 ○라고 풀었는데 내가 틀렸는지를 확인하고, 틀렸다면 정확한 정답과 왜 틀렸는지를 상세하게 설명해 주세요."

  예 "당신은 고등학교 수학 전문가입니다. 이 문제 정답을 나는 35라고 풀었는데 내가 틀렸는지를 확인하고, 틀렸다면 정확한 정답과 왜 틀렸는지를 상세하게 설명해 주세요."

- AI가 상세히 분석해 주고 이와 비슷한 실수를 방지할 수 있는 팁을 제공합니다.
- 좀 더 확실하게 하기 위해 perplexity ai를 활용한 교차 검증도 추천드립니다.

③ 다양한 난이도 설정
- 이와 마찬가지 방식으로 "이 문제를 초급/중급/고급 수준으로 변형해 주세요."라고 요청하면 난이도에 맞게 문제를 재구성합니다. 프롬프트 입력할 때 역할, 목적, 내가 원하는 것을 입력하는 것을 기억하면 됩니다.

2 AI로 작문 교정 및 패러프레이징

AI는 영어 작문 교정과 문장 바꿔 쓰기에 탁월합니다. 특히 챗GPT와 그래머리(Grammarly)와 같은 도구는 문법 오류 수정뿐 아니라 어휘와 문체 개선까지 지원합니다. 또는 QuillBot(https://quillbot.com) 같은 웹 사이트를 활용해도 됩니다.

활용 방법

① 기본 문법 교정
- "Please correct this sentence."
- 예 "I goed to the park yesterday." → "I went to the park yesterday."

② 스타일 변경
- "Rewrite this text in a formal tone." 또는 "Make this sound casual."

- 다양한 문체로 변환하며 표현력을 확장할 수 있습니다.

③ 패러프레이징(Paraphrasing)
- QuillBot(https://quillbot.com) 같은 도구를 활용해 문장을 다른 방식으로 표현하도록 요청합니다.
- 예 "The weather is nice today." → "It's such a beautiful day outside."

3 AI로 학습 로드맵 설계

AI는 개인 맞춤형 학습 계획을 세우는 데도 유용합니다. 자신의 목표와 현재 수준을 입력하면 효율적인 로드맵을 제안받을 수 있습니다.

활용 방법

① 목표 설정 및 일정 생성
- "저는 하루 30분씩 공부할 수 있습니다. 3개월 안에 토익 850점을 목표로 하고 있습니다. 어떻게 공부해야 할까요?"
- AI가 주간·월간 계획을 포함한 구체적인 로드맵을 제공합니다.

② 약점 보완 전략
- "제가 문법은 괜찮은데 독해 속도가 느립니다. 이를 개선하려면 어떻게 해야 할까요?"

- AI가 독해 속도를 높이는 연습 방법과 추천 자료를 제시합니다.

③ 학습 진도 점검
- 매주 진행 상황을 업데이트하면서 "지난주에 이런 공부를 했습니다. 다음 주에는 어떤 부분을 보완해야 할까요?"라고 물어보세요.

4 AI로 회화 연습 및 롤플레이

챗GPT의 고급 음성 모드를 활용하면 실제 대화처럼 말하기 연습을 할 수 있습니다. 특정 상황을 설정한 후에 롤플레이를 진행하면 실전 감각을 키울 수 있습니다.

활용 방법

① 롤플레이 설정하기
- "You are a tourist guide, and I am a traveler. Let's practice a conversation."
- 여행지에서 흔히 쓰이는 표현과 질문을 연습할 수 있습니다.

② 피드백 요청하기
- 음성 모드를 이용하여 대화를 한 후 "How was my pronunciation? Can you give me feedback?"라고 물어보면 발음과 표현에 대한

피드백을 받을 수 있습니다.

③ 즉흥 대화 연습
- "Ask me random questions about daily life, and I'll try to answer them in English."
- 예상치 못한 질문에 답하며 즉흥성을 기릅니다.

5 효과적인 프롬프트 작성법

AI 도구를 최대한 활용하려면 구체적이고 명확한 프롬프트 작성이 중요합니다.

[프롬프트 예시]

작문 교정	"Please correct this essay for grammar and coherence."
롤플레이	"Let's role-play a job interview. You're the interviewer, and I'm the candidate."
문제 생성	"Create 5 TOEIC Part 5 grammar questions based on this text."

[프롬프트 작성 팁]
- 구체적으로 요구 사항 전달하기(예 "formal tone.", "simple examples.")
- 원하는 결과물의 형태 명시하기(예 "Give me a list of synonyms.")

- 필요시 단계별 요청(예 "First summarize this text, then explain its key points.")

6 AI 활용 시 주의 사항

① 정보 검증 필요성

AI가 제공하는 정보는 항상 정확하지 않을 수 있으므로 중요한 내용은 반드시 추가로 검증하세요.

② 개인정보 보호

민감한 정보를 입력하지 않도록 주의하세요(예 시험 응시 번호, 개인 신상 정보).

③ 균형 유지

AI 도구만 사용하지 말고 실제 사람과의 대화나 독서를 병행하세요.

7 제가 실제로 사용하는 프롬프트

실제 챗GPT나 AI를 사용할 때 정확한 정보를 얻으려면 '역할(Role)', '목표(Objective)', '필수 지침(Mandatory Guidelines)'은 꼭 기억하셔야 합니다. 이를 활용하면 영어 문장의 오류를 검증할 수 있는데 제가 직접 만들어 사용하고 있는 영어 검증용 프롬프트를 공유해드리겠습니다. 이와 마찬가지로 다른 분야나 다른 과목에서도 좀 더 디테일한 결과를 얻고 싶다면 역할, 목표, 필수 지침을 반드시 설정해야 합니다.

Role

"You are a globally recognized expert in linguistics and English language education, with experience conducting research on Literacy and Language at the Harvard Graduate School of Education. You possess a deep understanding of English grammar, expressions, nuances, and their practical contexts. Additionally, you excel at analyzing and improving learning materials and are skilled at providing practical advice to learners based on your extensive research and teaching experience."

Objective

Thoroughly analyze the English learning materials provided by the user based on the following criteria:
1. Grammatical Accuracy: Verify if the sentences use correct structures and tenses.
2. Naturalness of Expression: Identify any awkward or unnatural phrasing from a native speaker's perspective.
3. Contextual Appropriateness: Evaluate whether the expressions are suitable for real-life situations.

4. Translation Accuracy: Check if the meanings between Korean and English are conveyed accurately.

Mandatory Guidelines

Avoid unnecessary pronouns and adjust expressions to fit the context naturally.
- If specifying a subject is not essential, use general expressions for smoother readability.
- Use specific nouns where appropriate but consider omitting them if it makes the sentence flow better in context.
- After revising a sentence, provide detailed explanations for why changes were made, along with examples.
- Clarify overlapping or potentially confusing expressions to make them more precise.
- Responses should primarily be in Korean unless otherwise specified."

User Input:
[검증하고 싶은 영어 내용이나 영어 문장]

예제

"She suggested me to join the study group because it will helps me improve my grades."라는 문장을 검증해 보겠습니다.

Role

"You are a globally recognized expert in linguistics and English language education, with experience conducting research on Literacy and Language at the Harvard Graduate School of Education. You possess a deep understanding of English grammar, expressions, nuances, and their practical contexts. Additionally, you excel at analyzing and improving learning materials and are skilled at providing practical advice to learners based on your extensive research and teaching experience."

Objective

Thoroughly analyze the English learning materials provided by the user based on the following criteria:
1. Grammatical Accuracy: Verify if the sentences use correct structures and tenses.
2. Naturalness of Expression: Identify any awkward or unnatural phrasing from a native speaker's perspective.

3. Contextual Appropriateness: Evaluate whether the expressions are suitable for real-life situations.
4. Translation Accuracy: Check if the meanings between Korean and English are conveyed accurately.

Mandatory Guidelines

- Avoid unnecessary pronouns and adjust expressions to fit the context naturally.
- If specifying a subject is not essential, use general expressions for smoother readability.
- Use specific nouns where appropriate but consider omitting them if it makes the sentence flow better in context.
- After revising a sentence, provide detailed explanations for why changes were made, along with examples.
- Clarify overlapping or potentially confusing expressions to make them more precise.
- Responses should primarily be in Korean unless otherwise specified.

User Input:

She suggested me to join the study group because it will

helps me improve my grades.

Role
"You are a globally recognized expert in linguistics and English language education, with experience conducting research on Literacy and Language at the Harvard Graduate School of Education. You possess a deep understanding of English grammar, expressions, nuances, and their practical contexts. Additionally, you excel at analyzing and improving learning materials and are skilled at providing practical advice to learners based on your extensive research and teaching experience."

Objective
"Thoroughly analyze the English learning materials provided by the user based on the following criteria:
1. Grammatical Accuracy: Verify if the sentences use correct structures and tenses.
2. Naturalness of Expression: Identify any awkward or unnatural phrasing from a native speaker's perspective.
3. Contextual Appropriateness: Evaluate whether the expressions are suitable for real-life situations.
4. Translation Accuracy: Check if the meanings between Korean and English are conveyed accurately.

Mandatory Guidelines
- Avoid unnecessary pronouns and adjust expressions to fit the context naturally.
- If specifying a subject is not essential, use general expressions for smoother readability.
- Use specific nouns where appropriate but consider omitting them if it makes the sentence flow better in context.
- After revising a sentence, provide detailed explanations for why changes were made, along with examples.
- Clarify overlapping or potentially confusing expressions to make them more precise.
- Responses should primarily be in Korean unless otherwise specified."

User Input:
She suggested me to join the study group because it will helps me improve my grades.

🔍 문장 분석 및 수정

📌 **원문:**
☞ She suggested me to join the study group because it will helps me improve my grades.

⚪ **오류 분석:**

1. **"suggested me to join"** → **"suggested that I join"**
   - suggest 동사는 **"suggest + (that) + 주어 + 동사 원형"** 구조를 사용해야 함.
   - suggested me to join ✗ → suggested that I join ✅
   - 예문:
     - ✗ **Incorrect:** She suggested me to apply for the program.
     - ✅ **Correct:** She suggested that I apply for the program.

2. **"it will helps"** → **"it will help"**
   - will 조동사 뒤에는 동사 원형이 와야 하므로, *helps* ✗ → *help* ✅
   - 예문:
     - ✗ **Incorrect:** He will studies hard.
     - ✅ **Correct:** He will study hard.

✅ 수정된 문장
☞ She suggested that I join the study group because it will help me improve my grades.

✨ 자연스러운 표현으로 추가 수정 가능
☞ She recommended that I join the study group to help improve my grades.
- *suggest*보다는 *recommend*가 이 문맥에서 더 자연스러울 수 있음.
- *because it will help me improve* 대신 *to help improve*로 간결하게 표현 가능.

어학 특기자나 유학을 준비하는 영어 실력이라면?

챗GPT에 토론하고 싶은 뉴스 기사를 (한국어 기사 원문이든, 영어 기사 원문이든) 입력한 후 마지막 한 줄에 "Let's discuss this news article in English. What are your thoughts on this?"라고 입력하면 해당 기사에 대해 AI와 토론할 수 있습니다. 이 방법은 제가 평소에 영어 실력을 늘리는 데도 많은 도움이 됐습니다. 실제 유료 영어 수업에서는 영어 실력을 향상시키기 위해 이 방법으로 수업을 많이 합니다. 그리고 어학 특기자를 준비하는 과정에서 논리적으로 이야기하는 능력을 키우는 데 큰 도움이 됐습니다.

[예제]

한국해양과학기술원(KIOST)과 동아시아바다공동체 오션 연구팀이 2003년부터 2023년까지 수집한 해양 쓰레기 피해 사례를 분석한 결과, 국내 연안 생태계가 심각한 위협을 받고 있는 것으로 나타났다. 연구에 따르면 해양 쓰레기에 따른 해양 생물 피해 건수는 매년 증가하고 있으며 낚싯줄과 바늘, 폐어구가 주요 원인으로 지목됐다. 특히 바닷새와 해양 포유류, 바다거북 등 다양한 종이 폐어구와 낚싯줄에 얽혀 생명을 위협받고 있으며 멸종 위기종도 피해 사례가 늘고 있다. 피해를 입은 해양 생물 중 푸른바다거북과 세가락갈매기 등 10종(44건)이 국제자연보전연맹(IUCN) 적색 목록에 등재된 멸종 우려종으로 확인됐다. 연구팀은 해양 쓰레기 문제를 해결하기 위해 국제 사회와 협력이 절실하다고 강조했다. KIOST 이희승 원장은 "해양 쓰레기는 글로벌 환경 문제로, 국제적 협력이 필요하다."라며 해양 환경 보전 정책 수립과 국민 인식 개선을 촉구했다.

Let's discuss this news article in English. What are your thoughts on this?(그냥 기사를 복붙한 후 마지막에 한 줄로 이렇게 입력합니다.)

한국해양과학기술원(KIOST)과 동아시아바다공동체 오션 연구팀이 2003년부터 2023년까지 수집한 해양쓰레기 피해 사례를 분석한 결과, 국내 연안 생태계가 심각한 위협을 받고 있는 것으로 나타났다. 연구에 따르면 해양쓰레기로 인한 해양생물 피해 건수는 매년 증가하고 있으며, 낚싯줄과 바늘, 폐어구가 주요 원인으로 지목됐다. 특히 바닷새와 해양포유류, 바다거북 등 다양한 종이 폐어구와

> 낚싯줄에 얽혀 생명을 위협받고 있으며, 멸종위기종도 피해 사례가 늘고 있다. 피해를 입은 해양생물 중 푸른바다거북과 세가락갈매기 등 10종(44건)이 국제자연보전연맹(IUCN) 적색목록에 등재된 멸종우려종으로 확인됐다. 연구팀은 해양쓰레기 문제를 해결하기 위해 국제사회와 협력이 절실하다고 강조했다. KIOST 이희승 원장은 "해양쓰레기는 글로벌 환경 문제로, 국제적 협력이 필요하다"며 해양환경 보전 정책 수립과 국민 인식 개선을 촉구했다.
>
> Let's discuss this news article in English. What are your thoughts on this?
>
> That's a really concerning situation. The increase in marine debris and its impact on coastal ecosystems clearly calls for urgent action. What are your thoughts on how we could address this problem? Do you have any specific ideas on measures that could help reduce marine debris and protect marine life? I'd love to hear your perspective on this.

이 과정에서 저는 "I believe that fishermen should be required to undergo mandatory marine environment education every year to maintain their licenses. This education should include topics such as the environmental impact of discarding waste into the ocean and how it affects marine ecosystems. Additionally, it would be beneficial to redesign fishing gear in a way that minimizes harm to marine life, ensuring that the shape and structure of the equipment do not pose a threat to sea creatures.(저는 어부들이 어업 면허를 유지하기 위해 매년 의무적으로 해양 환경 교육을 받아야 한다고 생각합니다. 이 교육에는 바다에 쓰레기를 버리는 행위가 환경에 미치는 영향과 이것이 해양 생태계에 어떤 영향을 주는지와 같은 주제가 포함되어야 합니다. 또한 어구를 해양 생물에게 해를 최소화하는 방식으로 재설계하면 좋겠습니다. 장비의 모양과 구조가 해양 생물에게 위협이 되지 않도록 하는 것이 중요합니다.)"라고 답변했습니다.

> I believe that fishermen should be required to undergo mandatory marine environment education every year to maintain their licenses. This education should include topics such as the environmental impact of discarding waste into the ocean and how it affects marine ecosystems. Additionally, it would be beneficial to redesign fishing gear in a way that minimizes harm to marine life, ensuring that the shape and structure of the equipment do not pose a threat to sea creatures.
>
> That's a thoughtful and practical approach. Educating fishermen on the environmental consequences of marine debris could definitely raise awareness and encourage responsible practices. It makes sense to integrate mandatory training as a condition for maintaining their licenses since it directly impacts their livelihoods.
> Redesigning fishing gear to be safer for marine life is also a brilliant idea. If gear can be engineered to minimize entanglement risks or reduce harm to vulnerable species, it would significantly mitigate the problem. Combining education with innovation could create a more sustainable fishing industry.
> Your suggestions seem both reasonable and impactful. Have you considered how these measures might be implemented or incentivized? I'd love to hear your thoughts on that too.

어학 특기자나 유학을 준비 중이라면 최소한 이 정도의 수준은 할 수 있어야 합니다.

[참여 활동]

① 오늘 영어로 짧은 글(100자 이내)을 작성하고 챗GPT에 교정을 요청하세요.

② 챗GPT에게 '영어 원서 추천 리스트'를 요청하고 자신의 수준에 맞는 책 한 권 골라 보세요.

③ 롤플레이 시나리오를 설정하고 AI와 대화를 시도해 보세요(예 여행 가이드 상황).

부록 · 6

교과서에는 절대 안 나오는 신조어 리스트

한국 영어 교육에서는 거의 다루지 않지만, 실제 영어권 특히 젊은 세대들 사이에서 활발히 사용되고 있고 이런 표현들은 소셜 미디어 영화, 음악 등을 통해 빠르게 확산되고 있습니다. [부록 6]에서는 디스코드나 레딧에서 쉽게 소통하실 수 있도록 최신 표현들을 정리했습니다.

신조어/유행어	의미	예문
No cap	거짓말 없이 진짜로(솔직히)	"No cap, that was the best concert ever."
Cap	거짓말, 과장	"That's cap. You didn't finish the whole project alone."
Bussin'	정말 맛있는, 대박인	"This food is bussin' fr fr!"
Sheesh	감탄/놀람을 표현	"Sheesh! Did you see that dunk?"
Yeet	(물건을) 세게 던지다/ 흥분 표현	"Just yeet that trash into the bin."
Bet	동의, 알겠다	"Wanna meet at 8?" "Bet."
Sus	suspicious의 줄임말, 수상한	"The way he's acting is kinda sus."
Rent free	누군가가 계속 생각나는 상태	"That song is living rent free in my head."
Understood the assignment	기대를 완벽히 충족시키다.	"Her outfit for the party? She understood the assignment!"
Main character energy	주인공처럼 자신감 있게 행동하는	"She walked in with main character energy."

▮ Z 세대 & 밀레니얼 세대 SNS/온라인 유행어 ▮

신조어/유행어	의미	예문
Lowk fire	솔직히 쩐다.	"Beach day with friends. This is lowk fire ngl!"
It's whatever	뭐 괜찮다.	"Failed the test but it's whatever."
Ratio	소셜 미디어에서 부정적 반응이 더 많은 상태, 주로 다수 대 소수의 상황에서 쓰인다.	"You got ratio'd hard."
Alr	확인	"Alr dude."
Hits different	특별하게 느껴지는	"Iced coffee in summer hits different."
CEO of [something]	~의 전문가, 달인	"You're the CEO of procrastination."
I'm dead/dying	매우 웃긴	"That meme has me dying."
Nty	거절하는 친근하면서도 단호한 의미로 쓰임	"Yeah nah, nty."
Based	자신의 의견을 당당히 표현하는 멋진	"Standing up to that bully? That's based."
It's giving...	~한 느낌이 난다.	"It's giving main character energy."

▎ 소셜 미디어에서 자주 사용되는 표현 ▎

표현	의미	예문
Ghosting	갑자기 연락 끊기	"We went on three dates and then he ghosted me."
Gaslighting	심리적 조작으로 상대를 혼란스럽게 만들기	"He said I never told him, but I did. He's gaslighting me."
Being fr	솔직하고 진실되게 행동하기	"I appreciate how you're always being fr with me."

표현	의미	예문
Simp	상대에게 지나치게 헌신하는 사람	"He buys her gifts every day. Total simp behavior."
Rizz	매력, 유혹하는 능력	"His rizz is unmatched, he can talk to anyone."
Talking stage	데이팅 전 서로 알아가는 단계	"We're still in the talking stage, not official yet."

▮ 관계 및 소통 관련 신조어 ▮

표현	의미	예문
Slay (여자들 사이에서만 쓰인다는 점 참고)	멋지게 해내다	"Your presentation was amazing! You absolutely slayed it."
Touch grass	현실 세계로 돌아오라는 충고	"You've been online for 12 hours. Go touch grass."
Rent free	누군가의 머릿속에 계속 존재하는	"That comment is living rent free in my head."
Blessing and a curse	좋은 점과 나쁜 점이 공존함	"Having a viral video is a blessing and a curse."
Not me...	자신의 행동에 대해 자조적 코멘트	"Not me spending my entire paycheck on concert tickets bro."
The ick (여자들 사이에서만 쓰인다는 점 참고)	갑자기 생기는 혐오감	"He chewed with his mouth open and I immediately got the ick."

▮ 일상적으로 자주 쓰이는 신조어 ▮

표현	의미	예문
I can't even	말로 표현할 수 없을 정도로 놀람	"That plot twist? I can't even."
Oof	공감/당혹감/불편함 표현	"Oof, that rejection must have hurt."
Yikes	매우 당황스러운 상황	"He called his ex's name? Yikes."
Feels	강한 감정	"That movie gave me all the feels."
Lowkey/Highkey	은근히/노골적으로	"I'm lowkey obsessed with this new game."
Sending me	매우 웃기거나 놀라게 하다	"That cat video is sending me."
Unalive	죽음을 완곡하게 표현 (검열 회피용)	"The character got unalived in the first episode."
Not the...	놀람이나 비난 표현	"Not the dog eating your homework again!"
Sadge	슬픔 표현(sad+edge)	"Failed my exam. Sadge."

▌반응 및 감정 표현 신조어 ▌

표현	의미	예문
GG	Good Game(게임이 끝났을 때)	"You played well. GG!"
Nerf/Gut	게임에서 너무 강한 요소를 약화시키다.	"That weapon needs to be nerfed."
Sweaty	너무 열심히 하는 플레이어	"This lobby is full of sweaty players."
NPC	개성 없이 행동하는 사람	"He just goes to work and home, total NPC lifestyle."

표현	의미	예문
OP	Overpowered, 너무 강한	"The new character is so OP."
Copium	현실을 부정하기 위한 가상 용어	"He still thinks he can win? That's some strong copium."
Malding	화나서 머리가 빠질 정도 (mad+balding)	"He's malding after that loss."
Skill issue	실력 문제를 비꼬는 표현	"You couldn't beat the boss? Skill issue."

▍온라인 게임/스트리밍 관련 신조어 ▍

약어	풀네임	뜻(한글)
AFAIK	As Far As I Know	내가 아는 한
AFK	Away From Keyboard	키보드에서 벗어남, 자리 비움
AKA	Also Known As	~로도 알려진
ASAP	As Soon As Possible	가능한 한 빨리
ATM	At The Moment	현재, 지금
B4N	Bye For Now	잠시 안녕
BCNU	Be Seeing You	곧 보자.
BFF	Best Friends Forever	영원한 단짝
BRB	Be Right Back	금방 돌아올게.
BTW	By The Way	그런데
CTN	Can't Talk Now	지금 말할 수 없어.
CYE	Check Your Email	이메일 확인해.
DIY	Do It Yourself	직접하다.
DL	Download	다운로드
DW	Don't Worry	걱정하지 마.
ETA	Estimated Time of Arrival	예상 도착 시간

약어	풀네임	뜻(한글)
EOD	End Of Day	하루의 끝, 업무 종료 시
EOB	End Of Business	영업 종료
FBO	Facebook Official	페이스북에 공식 게시
FAQ	Frequently Asked Questions	자주 묻는 질문
FTW	For The Win	승리를 위해 대박
FWIW	For What It's Worth	참고로 말하자면
FYI	For Your Information	참고로
GG	Good Game	좋은 게임이었어.
GJ	Good Job	잘했어.
GL	Good Luck	행운을 빌어.
GMV	Got My Vote	내 표를 얻었어.
Gr8	Great	훌륭해.
GTG	Got To Go	가 봐야 해.
HMB	Hit Me Back	답장 줘.
HMU	Hit Me Up	연락해.
HTH	Hope This Helps	도움이 되길 바라.
IDK	I Don't Know	모르겠어.
IDC	I Don't Care	신경 안 써.
ILY	I Love You	사랑해.
IMHO	In My Humble Opinion	제 소견으로는
IMO	In My Opinion	내 생각에는
IRL	In Real Life	현실에서
ISO	In Search Of	~를 찾고 있음
IYKYK	If You Know, You Know	아는 사람은 알지.
JK	Just Kidding	농담이야.
L8R	Later	나중에
LMK	Let Me Know	알려 줘.

약어	풀네임	뜻(한글)
LOL	Laugh Out Loud	크게 웃음.
NVM	Never Mind	신경 쓰지 마.
OMG	Oh My God	오 맙소사.
OT	Off Topic	주제에서 벗어남
PC	Political Correctness	정치적 올바름, 차별 금지
PLS	Please	제발, 부탁해.
PMO	Put Me On/Pisses Me Off	알려 줘./ 짜증 나.
POV	Point Of View	관점
PPL	People	사람들
RBTL	Read Between The Lines	행간을 읽어.
RT	Real Time	실시간
SMH	Shaking My Head	고개를 절레절레
TBH	To Be Honest	솔직히 말하면
TGIF	Thank God It's Friday	불금이다!
TBA	To Be Announced	추후 발표
TBD	To Be Determined	미정
TTYN	Talk To You Never	다시는 연락하지 마.
TTYS	Talk To You Soon	곧 연락할게.
TXT	Text	문자
TY	Thank You	고마워.
W/E	Whatever	뭐든지 상관없어.
W8	Wait	기다려.

▌ SNS, 커뮤니티 등에서 많이 쓰이는 영어 약어 정리 ▌

이러한 표현들은 한국 영어 교육 과정에서 거의 다루지 않지만, 실제 영어권 문화와 소통에서는 중요한 부분을 차지합니다. 특히, 영어권 친구들과의 소통이나 해외 미디어 이해에 큰 도움이 됩니다.

에필로그

이제 당신이
영어를 즐길 차례입니다!

"조금 늦었어도 먼저 시작했어도 결국 중요한 건 내가 이 언어를 어떻게 '즐기는가'에 달려 있다."라는 말을 다시 한번 강조하고 싶습니다.

물론 영어를 일찍 접하는 데는 장점이 많습니다. 하지만 '지금 시기를 놓치면 절대 안 된다.'라는 식의 공포 마케팅에 휘둘릴 필요는 없습니다. 저는 유학을 가지 않았고 영어 학원도 다닌 적 없지만, 결국 영어를 자연스럽게 즐길 수 있는 환경을 만들었기 때문에 여기까지 왔습니다.

대학에 합격한 후 제가 경험한 영어 학습법을 많은 분과 나누고 싶어 책을 쓰기로 결심했습니다. 그때부터 몇 개월 동안 자료를 정리하고 출판사와 방향을 조율하며 수없이 내용을 수정하고 보완하는 과정이 이어졌습니다. 어떻게 하면 더 많은 분에게 도움이 될까 고민하면서 밤을 지새운 적도 많았습니다. 부족한 점도 많겠지만, 그렇게 고민하고 노력한 끝에 이 책이 세상에 나오게 됐습니다. 이 책이 세상에 나올 수 있게 기회를 주신 생능출판사 관계자분께 감사드립니다.

이 책을 통해 영어가 단순한 시험과 스펙을 넘어 우리 삶에서 즐거움과 기회를 동시에 주는 언어라는 걸 느끼셨으면 합니다. 차근차근 환경을 만들고 조금씩 즐기다 보면 어느 순간 영어는 부담이 아닌 든든한 동반자로 자리 잡게 될 겁니다.

　모든 여정에서 가장 깊은 감사의 마음을 전하고 싶은 분은 바로 저의 어머니입니다. 현직 초등학교 교사이신 어머니는 학기 초라 무척 바쁘신 상황에도 불구하고 주말마다 시간을 내어 제가 쓴 책을 읽어 주시고 조언을 아끼지 않으셨습니다. 이번 책을 준비하면서 어머니와 정말 많은 대화를 나눴고 그 덕분에 영어를 누구보다 자연스럽게 익힐 수 있었습니다.
　이 과정에서 '엄마표 영어'가 단순한 조기 교육이 아니라 '영어를 자연스럽게 익히는 환경을 만드는 과정'이라는 걸 제대로 이해하게 됐습니다. 어릴 적부터 영어를 공부가 아니라 놀이로 받아들일 수 있도록 환경을 만들어 주셨고 무엇보다 제가 영어를 '즐길 수 있는 사람'이 되도록 기다려 주셨습니다. 이 책 또한 어머니와 나눈 대화와 기억들이 없었다면 완성되지 못했을 겁니다.

　어머니, 정말 감사합니다. 그리고 사랑합니다.